再挑戦の英会話
STEP BY STEP

福水 恵子 著

悠光堂

　私が英会話を勉強しようと思ったきっかけは、海外旅行でした。旅先で現地の人に話しかけられた時、うまく対応できない自分がもどかしく、一念発起して英会話教室に通うようになったのです。

　初めは、英語ってなんて早口なんだろう、中学・高校・大学と英語を勉強してきたのに、なぜこんなにも初歩的な段階で苦戦するのだろう … 等々、悶々とする日々が続きました。

　とにかくもっともっと基本的な事項を学ばなくてはと思い、書店に立ち寄っては役に立ちそうな参考書を買い、毎日NHKの英会話の講座を勉強し、図書館へ行って英語関係の本を次々と借り … と、涙ぐましい努力を続けました。その甲斐あって、基本的な知識はかなり身についてきました。ところが、それが実際の英会話に結びつくかと言えば、なかなかそううまくいくものではありません。

　こんな時、何と言うのかな？　確か参考書に載っていたけど … 。要点をまとめたノートのどこかに書いてあったはず … 。必死で探しても、たくさんのノートから探し出すのは、かなり時間がかかります。

　そんなことを繰り返しているうちに、私はこう考えるようになったのです。何とか知りたい内容が知りたい時にもっとたやすく見つけられるようにできないものかと。

　この本は、退職後に英会話を始めたおばさんが、自分のためにまとめた本です。知り合いの森川慎也先生にご助言を頂いたり、英会話教室のリチャード先生にチェックして頂いたりして、取り組んできました。

　私のような素人がまとめた本ですから、専門の参考書のように系統的に完成したりっぱな内容では決してありません。未熟な内容で、幾分かたよった取り上げ方になっていると思いますが、少しでもお役に立てたら … と、発刊を決意しました。

　英会話を勉強している皆さんがこの本を読み終わった時に、今までの疑問が少しでも解決していたら幸いです。

平成30年1月　著者

はじめに ……3

Step1　まずは、あいさつから
  1　会った時　……11
  2　別れ際　……19

Step2　どんどん話そう
  1　話しかける　……22
  2　話題づくり　……24
  3　話を広げる質問　……27
  4　情報を求める　……32
  5　トラブルを知らせる　……34
  6　いろいろな場面で　……36

Step3　会話で困った時は？
  1　聞き取れない場合　……42
  2　相手が言った語句がわからない場合　……43
  3　相手の話が理解できない場合　……44
  4　何と言ったらよいか困った場合　……45
  5　確認する　……46
  6　自分の英語力について　……47

Step4　これくらいは流暢に（あいづち・応答・問いかけ・ひとこと）
  1　あいづち・応答　……48
    (1)　肯定的
    (2)　否定的
    (3)　肯定でも否定でもない
  2　問いかけ　……65
  3　言えると便利なひとこと　……66

Step5　気持ちを伝えよう… 声かけ・感情表現
  1　声かけ　……69
  2　気持ちを表現する　……76

Step6　出だしやつなぎをスムーズに
1　出だし　……84
　(1)　呼びかけ・前置き
　(2)　出だしのパターン
2　つなぎ言葉　……90

Step7　覚えておくと便利な表現法
1　受身［受動態］　……93
2　使役　……94
3　推量　……95
4　依頼　……97
5　許可を求める　……98
6　勧誘・提案・申し出　……99
　(1)　勧誘・提案
　(2)　申し出
7　助言・忠告、義務・必要　……101
8　条件・譲歩　……103
　(1)　条件
　(2)　譲歩
9　仮定　……105
10　原因・理由、目的　……108
　(1)　原因・理由
　(2)　目的
11　比較　……110
12　否定　……114
13　さまざまな構文　……117

Step8　英文の骨組みをマスターしよう
1　主語　……120
　(1)　thereが主語（形式上）
　(2)　itが主語
　(3)　that [this] が主語
　(4)　一般の人々を表す主語
　(5)　無生物が主語
　(6)　その他

2 述語（動詞・助動詞） ……125
   (1) 時制（完了形も含む）
   (2) 助動詞
3 修飾語［句・節］ ……140
   (1) 名詞
   (2) 前置詞句
   (3) 形容詞
   (4) 副詞
   (5) 現在分詞
   (6) 過去分詞
   (7) 不定詞
   (8) 関係詞
   (9) 接続詞
   (10) 分詞構文

Step9　基本を確かめよう
1 名詞・冠詞 ……157
   (1) 名詞
   (2) 冠詞
2 代名詞 ……160
3 動名詞とto不定詞 ……164
   (1) 動名詞
   (2) to不定詞
4 時制の一致と話法 ……166
   (1) 時制の一致
   (2) 直接話法と間接話法
5 強調・省略 ……169
   (1) 強調
   (2) 省略

Step10　動詞・前置詞を使いこなそう
1 動詞 ……170
   1. have　　　　　4. take
   2. get　　　　　 5. give
   3. make　　　　 6. come

7. go
8. feel
9. seem
10. appear
11. look
12. see
13. watch
14. find
15 hear
16. listen
17. say

18. speak
19. tell
20. talk
21. hold
22. keep
23. put
24. leave
25. let
26. work
27. break
28. その他

2　前置詞　……206
1. in
2. on
3. at
4. by
5. to
6. for
7. of
8. off
9. from
10. with
11. without
12. within
13. over
14. under
15. above
16. below
17. up

18. down
19. into
20. toward
21. beside
22. against
23. along
24. across
25. through
26. about
27. around
28. between
29. among
30. behind
31. beyond
32. before
33. after
34. その他

終わりに　……242

参考文献　……243

この本の使い方

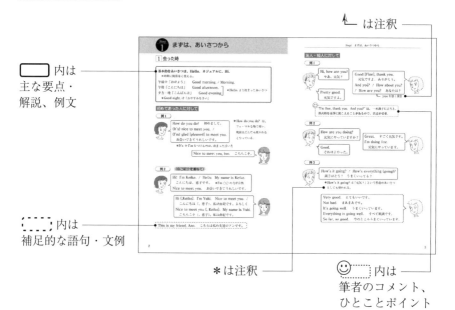

□ 内は
主な要点・
解説、例文

┆ ┆ 内は
補足的な語句・文例

＊は注釈

↳ は注釈

☺ ┆ ┆ 内は
筆者のコメント、
ひとことポイント

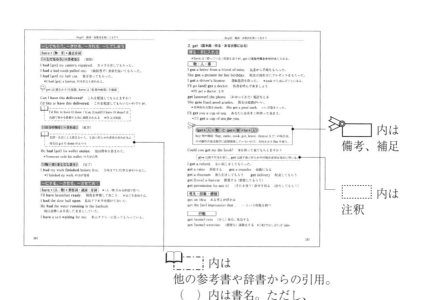

□ 内は
備考、補足

┆ ┆ 内は
注釈

📖 ┆ ┆ 内は
他の参考書や辞書からの引用。
（ ）内は書名。ただし、
ジーニアス辞書の場合は記入なし

☆　　　語句の例文
A [B]　　B は A と言い換え可能
　＊A が 2 語以上でまぎらわしい場合は範囲を下線で示しています。
なお、語句の意味・語法などは、ほぼジーニアス辞典に準じています。

知り得た知識を少しでも多く取り入れたいという思いから注釈が多くなり、
読者の皆様にはわかりづらい点もあるかと思います。筆者からお詫びいたします。

千里の道も一歩から
焦らず、怠けず、こつこつと…
Step by step!

まずは、あいさつから

1 会った時

基本的なあいさつは、**Hello.** カジュアルに、**Hi.**
＊時間に関係なく使える。

午前中「おはよう」　　Good morning. / Morning.
午後「こんにちは」　　Good afternoon.　　　＊Hello. より改まったあいさつ
夕方・晩「こんばんは」　Good evening.
＊Good night. は「おやすみなさい」

初めて会った人に対して

例 1

How do you do?　　初めまして。
　＊フォーマルな場で用い、現在はだんだん使われなくなっている。
(It's) nice to meet you. / (I'm) glad to meet you.
お会いできてうれしいです。

＊It's や I'm をつけるのは、改まった言い方

Nice to meet you, too.　　こちらこそ。

例 2　（自己紹介を兼ねて）

Hi! I'm Keiko. / Hello. My name is Keiko.
　こんにちは、恵子です。　　＊I'm ○○ の方が自然
Nice to meet you.　お会いできてうれしいです。

Hi (,Keiko). I'm Yuki.　Nice to meet you. /
　こんにちは（、恵子）。私は由紀です。よろしく。
Nice to meet you (, Keiko). My name is Yuki.
　こちらこそ（、恵子）。私は由紀です。

This is my friend, Ann.　こちらは私の友達のアンです。

友人・知人に対して

例1

Hi, how are you?
やあ、元気？

Pretty good.
元気ですよ。

Good [Fine], thank you.
元気ですよ。ありがとう。
And you? / How about you?
/ How are you?　あなたは？
　　　　　　　　　　└─ you を強く発音

 "I'm fine, thank you. And you?" は、一本調子に言うと、形式的な返事に聞こえることがあるので、注意が必要。

例2

How are you doing?
元気にやっていますか？

Good.
それはよかった。

Great.　すごく元気です。
I'm doing fine.
　元気にやっています。

例3

How's it going? / How's everything (going)?
調子はどう？　うまくいってる？

＊How's it going? は「元気？」という程度のあいさつとしても使われる。

Very good.　とてもいいです。
Not bad.　まあまあです。
It's going well.　うまくいっています。
Everything is going well.　すべて順調です。
So far, so good.　今のところうまくいっています。

久しぶりに会った人に対して

例1

Long time no see. 久しぶりですね。
　＊カジュアルな言い方
I haven't seen you for a long time.
　長い間、お会いしませんでしたね。

Yeah, **how have you been?**
　そうですね。お元気でしたか？［その後どうでしたか？］
＊"How are you?" とは言わない。

(I've been) fine [all right]. Thank you.
　元気でしたよ。ありがとう。
How about you? あなたは？

＊have been 〜 で「ずっと〜だった」という意味を表す。

Can't complain. まあまあってとこです。（特に不満はない）
(I'm) just getting by. なんとかやっています。

例2

How have you been doing?
　どうしていたの？

I've been all right.
　うまくやっていたよ。

(That's) good. よかった。
I'm glad [happy] to hear that.
　それを聞いてうれしいです。

返答のバリエーション

よい場合

Good. / (I'm) fine. / All right. 　元気です。
　＊fine は good とほぼ同じニュアンス。「まあまあ」という感覚で使う時もある。
Pretty good. 　結構いいです。
Great. 　最高です。
Much better, thank you.
　ずっとよくなりました。ありがとう。
(I'm) getting better. 　元気になってきました。

ふつう

So-so. 　まあまあです。
　＊あまりよくない時に使うこともある。
(I'm) okay. 　まずまずです。
　＊「元気です」という意味でも使われる。口調による。
Not bad. 　悪くないです。まあまあです。
Not too [so] bad. (Thank you.)
　そんなに悪くないです。→ まあまあです。

いつもと同じ

(The) same as usual [always]. 　相変わらずです。
Good as usual. 　いつも通り（いい）ですよ。

忙しい

I'm keeping (myself) busy. 　忙しくしています。
I'm busy with my work. 　仕事で忙しいです。
　↑ いろいろな言葉が入る。

Step1 まずは、あいさつから

（悪い場合）

Not good. 悪いです。
Not so good. / Not very well. あまりよくありません。
Pretty bad. かなり悪いです。不調です。
Terrible. / Awful. 最悪です。
I'm a little down. / I'm down a little.
　少し落ち込んでいます。

（原因をたずねる）

Why? どうして？
What happened? 何があったの？
What's the matter? / What's wrong? どうしたの？
Did anything happen? 何かありましたか？

（理由を言う）

I have a cold [headache].
　風邪をひいています［頭痛がします］。
I'm just tired. 疲れているだけです。疲れ気味です。
I'm stressed out. ストレスがたまっています。
I haven't been feeling well lately. 最近体調がすぐれなくて。
I'm having trouble **with** my work .
　仕事 のことで困っています。

（理由を聞いて）

That's too bad. それはいけませんね。
I'm sorry to hear that. お気の毒に。　＊内容が深刻な場合
Don't worry about it. 心配しないで。
I hope ┌ things (will) work out. うまくいくといいですね。
　　　 └ you **get** well soon. 早くよくなるといいですね。

📖 現在時制は確定した未来を示すので強い願望を表し
相手を気遣った表現になることがある．（ウィズダム）

出来事を聞く

What's up?　何かあった？
What's new?　何か変わったこと、あった？　どうしてる？
Do you have any news?　何か新しい［変わった］ことある？

＊How are you? や How are you doing? も、「どうしてる？」という意味合いで使われることがある。

Nothing much. / Not much.
　変わりないです。　特にないです。
(The) same as always [usual].　相変わらずです。
Nothing special [in particular].　特に何もないよ。

できれば出来事を話せるように準備しておこう。

その他の問いかけ

How are you feeling?　体の具合はどうですか？
　＊体調をたずねる時

Aren't you feeling well?　
Are you feeling sick?　
　気分が悪いのですか？

Are you all right?　You look pale.
　大丈夫ですか？　顔色が悪いですよ。

How's your work?　お仕事はどうですか？
How's your family?　ご家族はお元気ですか？
How's your health?　体の調子はどうですか？　＊病気をしていた人に
How are your parents [children]?
　ご両親［お子さん達］はお元気ですか？
How are things with her?　　彼女はどうしてる？
　＊　　　には your work, your family などが入る。
What's happening?　何が起こっているの？　＊進行中の出来事をたずねる。
What are you doing?　何をしているの？　＊今していることをたずねる。

会った時のひとこと

うれしい

Good to see you.　お会いできてうれしいです。
　＊see は、初めてではない場合

I'm glad [happy] to see you again.
It's good to see you again.　] また会えてうれしいです。

It's great to see you here.　ここで会えてとてもうれしいです。

久しぶり

Long time no see. How have you been?
　久しぶり、どうしていたの？
It's been a long time [so long, ages].　久しぶりですね。
I haven't seen you for ages [for a long time].
　久しぶりですね。
I haven't seen you for five years.　5年ぶりですね。

偶然

I never expected to see you here.
　こんなところで会えるなんて思わなかった。
It's a nice surprise. / What a nice surprise!（強調）
　うれしい驚きだ。
What a coincidence!　なんて偶然でしょう。

面識

You look (really) familiar.　あなたには見覚えがある。
　＊really は強調

I think we've met once before.　前に1度会ったことがあると思う。
I don't think we have [we've] met (before).　会ったことないと思う。
I think maybe this is the first time.　たぶん、これが初めてだと思う。
Do you remember me?　私のこと、覚えてる？
Haven't [Have] we met before?
　以前にお会いしませんでしたか [しましたか]？
Sorry, I didn't recognize you at first.
　ごめんなさい、最初わからなかった。

感想

You look fine!　元気そうですね。
That [Your] sweater is really nice. / I like [love] your sweater.
　　すてきなセーターですね。　＊全体の装いは outfit
It suits you. / It looks good on you.　似合っているよ。
You got a haircut. / You've had a haircut?　髪、切ったのね。
　　＊平叙文でも、語尾を上げてたずねることができる。ほぼ確認するニュアンス。
You've changed your hairstyle.　ヘアスタイル、変えたのね。

天気

(It's a) nice [lovely, beautiful] day today, **isn't it**?
　今日はいい天気ですね。
　　＊相手に同意を求める時は下がり調子で
Great weather, isn't it?　すごくいいお天気ですね。
(It's) terrible weather, isn't it?　ひどい天気ですね。

Yeah. / Yes, it is.　そうですね。
It sure is.　本当にね。

覚えておくと便利！

It's sunny [cloudy, rainy, windy].
　晴れている[曇っている, 雨が降っている, 風が強い]。
It's pouring (down).　どしゃぶりだ。
It's drizzling.　しとしと雨が降っている。
It's blowing (hard). / The wind is blowing hard.　風が強く吹いている。
　　＊blow は「強風」、breeze は「(心地よい) 微風、そよ風」
It's raining [snowing].　雨[雪]が降っている。
It looks like rain.　雨になりそうだ。
It stopped raining.　雨がやんだ。
It's only a (passing) shower.　単なる通り雨だ。
It's thundering.　雷が鳴っている。　It's lightning.　稲妻だ。
A typhoon is approaching [coming].　台風が近づいている[来ている]。

2 別れ際

See you (later, soon, then, again).　またね。では また。
　＊See you again. は、次にいつ会えるかわからない場合
See you (on) Monday.　月曜日にね。
Good bye.　さようなら　　＊goodbye, good-bye も同様
Bye-bye. / Bye.　バイバイ。じゃあね。　＊goodbye よりもくだけた言い方
Bye, now.　じゃあね。　Bye. See you.　さよなら。またね。

別れを切り出す

　＊前に I'm afraid をつけると「残念ですが」という気持ちが伝わる。
I have to go now. / I must go [be going] now.
　そろそろ失礼しなくては。　　　＊be going とする方がソフト
I'd better go now.　同上　＊急がなければならない用がある場合など

楽しかった

(It was) nice meeting [seeing] you. / I'm glad to have met you.
　お会いできてよかったです。　＊meet は初対面の場合「(会って) 知り合いになる」
(It was) nice [good] talking to [with] you.
　お話ができて楽しかったです。
I (really) enjoyed talking to [with] you.
　(とても) 楽しくお話ができました。
I had a (very) good time.　　(とても) 楽しかったです。
I enjoyed myself.

Me, too. / So did I.
私も楽しかったです。
Same here.　こちらこそ。

また会いたい

(I) hope to see [meet] you again.　また会えるといいですね。
　＊meet は「(偶然) 出会う、(約束して) 会う」という意味もある。
I'm looking forward to seeing you again.
　また会える日を楽しみにしております。
Let's get together sometime.　いつか集まりましょう。
Let's keep in touch.　連絡を取り合いましょうね。

楽しんでね

Have a nice [good] day [evening, night, weekend].
よい1日［夕べ, 夜, 週末］を。

(I will.) Thank you. （そうします。）ありがとう。
You too. ／ (The) same to you. ／ And you.
あなたもね。

Have fun! ／ Have a good time! ／ Enjoy yourself!
楽しんでね。

Thank you. I will.
ありがとう。そうします。

お大事に・気をつけてね

Take care (of yourself). お大事に。お元気で。
Have a good rest. 十分休んでね。

＊Take care. は、Bye-bye. や See you. と同じく、
別れる時のあいさつ代わりに用いることもある。

Thank you. (The) same to you.
Thanks. And you too.
ありがとう。あなたもね。

＊Thanks. は、Thank you. よりくだけた言い方。親しい相手に対して使う。

無理しないで

Take it easy. 無理しないで。しっかりね。
＊別れの軽いあいさつ「じゃあね」という感じで使うこともある。
Don't overdo it. 無理しすぎないで。 ＊相手が忙しい時など

Thank you. ありがとう。
I'll try. そうするよ。

がんばってね

Good luck.　がんばってね。
Good luck with the job interview.　就職の面接をがんばってね。
I hope [things **will go** well.　うまくいくことを願っています。
　　　　it **goes** well.]　　　＊現在形と will のいずれも可能
I'll cross my fingers (for you). / I'll keep my fingers crossed.
　成功［幸運］を祈っています。
I wish you [happiness.　幸福
　　　　　　success.　　成功　] を祈ります。
　　　　　　good luck.　幸運

よろしく言ってね

Say hello [hi] to Hanako (for me).　花子さんによろしく。
Can you tell him I said hello?　彼によろしく言ってもらえますか。
Please give him my (best) regards.　彼によろしくお伝えください。
Please say hello to your family.
　ご家族のみなさんによろしく言ってください。
Please [remember me　　] to your family.
　　　　[give my regards]
　私のことをご家族のみなさんによろしくお伝えください。

> Yes [Thanks], I will.　ええ［ありがとう］、そうします。
> Yours too.　あなたのご家族にも。

日常のあいさつ

I'm leaving [going]. Bye.　行ってきます。
See you (later). Bye.　行ってらっしゃい。行ってきます。
I'm back [home].　ただいま。
　＊親しい間柄では「ただいま」「お帰り」は Hi! でも可

日本語のように決まった言い方は、特にない。

Step 2 どんどん話そう

1 話しかける

> **Excuse me. Can I talk to you (for a minute)?**
> すみません。（ちょっと）お話できますか。

（日本で海外の人に）

Are you here for sightseeing?　観光ですか？
Where are you from? / Where do you come from?
　ご出身はどちらですか？　＊出身をたずねる時は現在形
Where have you been in Japan?　日本でこれまでにどこへ行きましたか？
Where are you going?　どこへ行かれますか？
What's your impression of Japan?　日本の印象はどうですか？
How do you like Japanese food?　日本の食べ物はどうですか？
Have you had sushi before?　今までにすしを食べたことはありますか？
Have you ever tried using chopsticks?
　箸を使ってみたことはありますか？
Do you speak Japanese?　日本語が話せますか？
　＊Can you ～?「～ができますか？」という質問は、失礼になることがあるので注意

（日本で生活している海外の人に）

How long have you been in Japan?
　日本にどれくらいおられますか？（日本に来てどれくらいですか？）
What brought you to Japan?　どうして日本にいらしたのですか？
　＊Why did you come to Japan? は、「何しに来たの？」というニュアンス
How is [How's] life in Japan?　日本での生活はどうですか？
Have you got [gotten] used to life in Japan?　日本の生活に慣れましたか？
Are there any inconveniences about living here?
　ここで住むのに何か不便なことはありますか？

（困っている人を見かけた時）

What's the matter? / What happened?　どうしたんですか？
Can I help you?　どうなさいましたか？
You need any help? / Do you need any help?
　何かお手伝いしましょうか？

Step2　どんどん話そう

外国人観光客との会話例

Excuse me.　すみません。
Could you tell me how to get to Central Park?
　セントラルパークへはどう行けばいいか教えていただけますか。

You can go there by bus from the bus terminal over there.
あそこのバス発着所からバスに乗って行けますよ。

I'm sorry, I don't know this area very well.
　すみません、私もこのあたりはあまりわかりません。
Sorry, I'm not from around here.
　ごめんなさい、このあたりの者ではありません。

I'm sorry, I can't speak English much.
　ごめんなさい、私はあまり英語がしゃべれません。
Could you ask someone else?
　誰か他の人に聞いてもらえますか。

Could you recommend some good places to visit?
　訪れるのにお勧めの場所を教えてもらえますか。

I think Kyoto and Nara are good.
　京都や奈良がいいと思います。
There are a lot of historic buildings.
　たくさんの歴史的な建物がありますよ。
Mt. Fuji is the most beautiful mountain in Japan.
　富士山は日本で一番美しい山です。
You can see it in Shizuoka and Yamanashi Prefectures.
　静岡県と山梨県で見られますよ。

Enjoy your trip!　よい旅を！

お勧めの場所をいくつか言えるように準備しておこう。

2 話題づくり

旅行

Which country have you ever been to?
　これまでにどこの国へ行きましたか？
What was your most memorable trip?
　最も思い出に残る旅行はどこでしたか？
Which country do you recommend for traveling?
　旅行するのにお勧めの国はどこですか？
Where is a good place to visit?　訪問するのにいい所はどこですか？
What's your favorite sightseeing spot?　好きな観光地はどこですか？
Where [do you want to / would you like to] [visit? / go on a trip?]　どこへ行ってみたいですか？　どこへ旅行したいですか？
　　＊would you like to の方が丁寧

（詳しく聞く）

How was it there? / How did you like it there?　そこはどうでしたか？
How was the food there?　そこの食べ物はどうでしたか？
Who did you go there [travel] with?　誰とそこへ行ったの［旅行したの］？
When did you go there?　いつそこへ行ったの？
What's the best season to go?　どの季節に行くのが一番いいですか？
Did you enjoy it?　楽しかった？

趣味・興味

Do you have any hobbies?　何か趣味はありますか？
What kind of things are you interested in?
　どんなことに興味がありますか？
Do you do [play] any sports?　何かスポーツはしますか？
What sports do you like?　どんなスポーツが好きですか？
Do you take any lessons?　何か習い事をしていますか？
Is there anything (new) you want to try?
　何か（新しく）やってみたい事はありますか？
Which program do you like best (on TV)?
　（テレビで）どの番組が一番好きですか？

(返答の例)

I like classical music.　クラシック音楽が好きです。
My hobbies are reading and listening to music.
　　私の趣味は読書と音楽を聴くことです。
I like [enjoy] playing tennis.
　　テニスをするのが好きです［楽しんでいます］。
I'm taking piano lessons.　私はピアノのレッスンを受けています。

(詳しく聞く)

What kind of books do you like?　どんな種類の本が好きですか？
What other kinds of music do you like?　他にどんな音楽が好きですか？
How often do you play tennis?　どのくらいのペースでテニスをするの？
How long have you been doing?　どれくらいの間［期間］していますか？
Why [When] did you start it?　なぜ［いつ］始めたの？

余暇の過ごし方

How do you spend your free time?
　　自由な時間はどのように過ごしていますか？
What do you do in your spare time?　余暇時間に何をされていますか？
What do you do to relax?　リラックスするために何をしますか？

健康

How do you stay [keep] fit?　どのように健康を維持していますか？
What kind of exercise do you do?　どんな運動をしていますか？
Do you care about taking too much salt?
　　塩分のとりすぎに気をつけていますか？

仕事

What do you do?　お仕事は？
What kind of work do you do?　どんな仕事をしていますか？
Who [What company] do you work **for**?
　　どこ［どこの会社］に勤めていますか？
Where do you work?　どこに勤めていますか？　⇒ I work **at [in]** 〜
　　＊at, in は勤務先［場所］に焦点を置き、for は雇用関係を示す。

日常生活で

What are you doing?　何をしているの？
　⇒ I'm killing time.　暇つぶしです。
What's on your mind?　何を悩んでいるの？　＊心配そうに見える時
　⇒ I'm worried about my dog.　犬のことが心配なの。
I have good news.　いい知らせがあるの。
Did you hear the rumor about ～ ?　～についてのうわさ、聞いた？
　⇒ What is it?　何ですか？　**(注)** What's it? とは言わない。
Did you see that movie?　あの映画見た？
Anything good **on** at the moment?
　今、何かいい映画やっている？　＊映画の話題で
Did you see last night's game?　昨夜の試合見た？
Have you seen today's paper [news]?　今日の新聞［ニュース］見た？

その他

What month were you born (in).　何月生まれですか？
　＊意味に誤解が生じないときは前置詞を省略することがある。
Where do you live?　どこに住んでいるの？
What's your address?　あなたの住所は？
　＊May I ask your address? の方が丁寧
What other foreign languages do you speak?
　他にどんな外国語が話せますか？
Do you have any pets?　何かペットを飼っていますか？
What do you plan to do this weekend?　この週末の予定は？
What do you want to [do / be] in the future?　将来、[何をしたいですか？／何になりたいですか？]

（"What's your ～ ?" でいろいろなことが聞ける）　**(注)** くだけた言い方
What's your telephone number?　電話番号は？
What's your hobby [job]?　趣味［仕事］は？
What's your favorite food [program, sports]?
　（最も）好きな食べ物［番組, スポーツ］は？

3 話を広げる質問

疑問詞を使った簡単な問いかけ

what　For what? / What for?　何のために？
　　　　What's that?　何、それ？
　　　　Like what?　例えばどんなこと？　＝For example?

who　Who did?　誰がしたの？
　　　　Who from? / From who?　誰から？
　　　　Who with? / With who?　誰と？

why　Why('s that)?　なぜ？　＊that は相手が言ったことを指す。

when　When('s that)?　いつ？
　　　　From when? / When from?　いつから？
　　　　By when? / When by?　いつまでに？
　　　　Till [Until] when?　いつまで？

where　Where to? / To where?　どこまで？
　　　　Where from? / From where?　どこから？

how　How?　どのようにして？
　　　　How come?　なぜ？
　　　　How many [much]?　どれくらい？
　　　　　＊数をたずねる時は many、量は much
　　　　How big?　どれくらいの大きさ？
　　　　How far?　どれくらいの距離？
　　　　How long?　どれくらいの時間［期間］・長さ？
　　　　How soon?　どれくらいの時間で？
　　　　　＊「どれくらいすぐに」というニュアンス

Do you know [remember] を使って

Do you know [remember] what she bought?
　彼女が何を買ったか知って［覚えて］いますか？
Do you know how [why] she got a ticket?
　彼女がどのようにして［なぜ］チケットを手に入れたか知っていますか？
Do you know what to do?　どうすべきかわかりますか？
Do you know when [where, how] to go?　**(注)** Why to do とは言わない。
　いつ［どこへ, どのように］行くべきか［行けばよいか］わかりますか？

どうだった？ うまくいった？

How was it? / How did it go?　どうだった？
　＊it にいろいろな言葉が入る。

How did the meeting go?　会議はどうだった？
Did it go well [okay]?　うまくいった？

どう思う？ どう思った？

How did you like the concert?
　　コンサートはどうでしたか？　＊好み・感想を聞く。

How did you like it?　気に入った？　どうでしたか？
How do you like it here?　ここをどう思いますか？
　＊it は like の目的語で漠然とした状況。here は動詞の目的語になれない。

What movie do you think is (the) best?
　どの映画が一番いいと思いますか？
　＊疑問文の中に do you think, did you say などを挿入することができる。

How do you feel about the result?　その結果をどう思う？　＊感性的判断
How do [did] you feel to be the winner?　勝者の気分はどう［どうだった］？
What did you think of that movie?　その映画、どう思った？

　相手の事や個別の事情に関する内容には of，一般的内容について
　幅広く意見を求める場合は about が好まれる。　（ウィズダム）

（意見を聞く）

What do you think about this matter?　この件についてどう思いますか？
What would you do in the same [my] situation?
　同じ状況［私の立場］だったらどうする？
In this case, what would you do?　この場合、あなたならどうしますか？

（アドバイスを求める）

Could [Can] you give me some advice?　何かアドバイスしてもらえますか。
What do you recommend?　お勧めは何ですか？
What's the trick [knack] of cooking?　料理のこつは？
What's the best way to study English?
　英語を勉強するための最良の方法は何ですか？

どんな？ 何の？ どの？ どちらの？

What is **it** like?　それはどのようなものですか？
　＊it には your family, your hometown, your house などが入る。
What is she like?　彼女はどんな感じの人ですか？
What does she look like?　彼女はどんな姿［格好, 風貌］ですか？
What does it sound like?　それはどんな音［鳴き声］ですか？
What does it taste like? / How does it taste?　それはどんな味ですか？
What is **it** like to be alone?　ひとりぼっちってどんな感じですか？
　　　└─ 形式主語
What kind of car was it?　それはどんな種類の車でしたか？
What camera do you use?　どこのカメラを使っているの？
What grade [year] is she in?　彼女は何年生ですか？
　＊大学の学年をたずねる場合は what year
What club do you belong to?　　　　　｜何のクラブに入っていますか？
What club are you in?（カジュアル）　｜
Which team do you support?　どのチームを応援しているの？

(What's ～? What are ～? でたずねる文例)

What's the situation?　どんな状況ですか？
What's her relationship with Jim?　彼女はジムとどんな関係ですか？
What's your dog's weight?　あなたの犬の体重は？
　＝How much does your dog weigh?
What's the diameter [volume, area]?　直径［容量, 面積］は？
What are the ingredients (of the cake)?　（ケーキの）材料は何ですか？
What are your plans for this summer?
　この夏の予定はどうなっていますか？
What's that?　それは何ですか？
　⇒ It's a kind of camera.　カメラのようなものです。
What's it [that] (used) for?　何に使うの？
　⇒ ⎡(It's the thing) to cut wood.　木を切るため（の物）です。
　　 ⎣It's for cleaning.　掃除するため（の物）です。
What's that [it] about?　それは何についての話ですか？
What's the use of crying?　泣いて何になるのか。

いつ？　どれくらい？　何年？

When did it happen?　いつ起こったの？
When did you start to study English [studying English]?
　いつ英語を勉強し始めましたか？
When did you last [first] play tennis?
　最後に［最初に］テニスをしたのはいつですか？
How many years has it been?　何年ぶりですか？
How long have you known him?　彼と知り合ってどれくらいになるの？
How long ago did you paint the picture?
　どれくらい前にその絵を描いたのですか？
How often do you eat out?　どのくらいのペースで外食するの？
How many times did you go there?　何回そこへ行ったの？
How many times a day do you drink coffee?
　1日に何回コーヒーを飲むの？
How many people were there at the party?
　パーティーにはどれくらいの人がいたの？
How many pictures did you take?　何枚写真を撮りましたか？
How much did you pay?　いくら払ったのですか？
How much older are you than Hanako?
　あなたは花子さんよりどれくらい年上ですか？
How old is your dog?　あなたの犬は何歳ですか？

> 人に年齢を聞くのはかなり失礼だが、How old is your house? など建物や物についてたずねることは可能である。

なぜ？

Why are you studying English?　どうして英語を勉強しているの？
How come **you told** a lie?　なぜあなたはうそをついたの？
　＊why より口語的。時に相手に対する不満を表す。How come＋主語＋動詞 の語順。
What makes you think so?　/　Why do you think so?
　なぜそのように考えるの？
Why are you in a hurry?　/　What's the hurry?　何を急いでいるの？
What was the cause of the accident?　その事故の原因は何でしたか？

どのようにして？

How did that [it] happen?　どうして［どのようにして］そうなったの？
How did you start yoga?　ヨガを始めたきっかけ（経緯）は何ですか？
How did you get to know each other?
　あなた達はどのようにして知り合ったの？
　＊Where do you know her from?　どこで彼女と知り合ったの？
How did you come to like Japanese food?
　和食が好きになったきっかけは何ですか？
　＊come to do「〜するようになる」
How did you find out (about it)?　どうして（そのことが）わかったの？
　＊find out「探り出す、情報［真相］を得る」
How did you manage to solve the problem?
　どうやってその問題を解決したの？　＊manage to do「なんとかやり遂げる」
How [Why] was it that you couldn't get here on time?　（強調）
　どのような経緯［理由］で時間通りにここに着けなかったの？
　＊it は that 節の内容を指す。

話のつづきを聞き出す

So?　それで？　　And?　それで？
Then?　それから？　そうしたら？
What else? / Anything else?　他に何か？
Please go on [continue].　続けてください。
Tell me more.　もっと話して。
So what did you do?　それでどうしたの？
Can you explain that in detail?　詳しく説明してもらえますか。
What (has) happened to the dog after that?
　その犬はその後どうなったの？

会話の流れに沿って

How about you?　あなたはどう思うの？
How [What] about the weather?　天候はどうなの［どうだったの］？
I'm going on a voyage around the world.　世界一周の船旅に行くの。
　⇒ What about your job?　仕事はどうなるの？
　　＊非難を示す場合では、What about 〜？をよく使う。

4 情報を求める

日時・天気

What's the date today?　今日は何月何日ですか？
What day (of the week) is it today?　今日は何曜日ですか？
What time is it (now)? / Do you have the time?
　（今）何時ですか？　＊Do you have time? は「お時間、ありますか？」
What's today's forecast?　今日の天気予報は？
What's the weather forecast for tomorrow?　明日の天気予報は？

目的地

How can I get to the park?　公園へはどう行けばよいでしょうか？
Could you tell me the way to the station?　駅へ行く道を教えてもらえますか。
Could you tell me where the rest room is?　トイレはどこでしょうか？
Where is the park?　公園はどこ？　＊直接的な聞き方
How far is it (from here) to the park?
　（ここから）公園までどれくらいですか？
How long does it take (for me) to walk to the station?
　（私が）駅まで歩いてどれくらいかかりますか？
Is there a drugstore near here?　この近くに薬局はありますか？
Is there any landmark?　何か目印はありますか？
Where am I on this map?　この地図で私はどこにいますか？

交通機関

Does this train [bus] go to Osaka?　この電車 [バス] は大阪へ行きますか？
I'm going to Mt. Fuji.　Which (number) bus should I take?
　富士山に行くのですが、どの（番号の）バスに乗ればいいですか？
At which station should [do] I get off to go to Mt. Fuji?
　富士山に行くにはどの駅で降りたらいいですか？
Where does the bus leave [depart] from?
　そのバスはどこから出ていますか？
Where can I catch a taxi?　どこでタクシーに乗れますか？
How much does it cost (to go) to Kyoto?　｜　京都までいくらですか？
How much is the fare to Kyoto?

施設

Do you have [Are there] any rooms [seats] available?
　空いている部屋［席］はありますか？
What time does the museum open [close]?
　博物館は何時に開き［閉まり］ますか？
What are the (opening) hours of the museum?
　博物館は何時から何時まで開いていますか？
How late are [do] **you** open?　何時まで開いていますか？
　　＊店の人にたずねる場合は you。open「形 開いている、動 開ける」
Is the library open on Sundays?　図書館は日曜日は開いていますか？
Do you know what time it starts?　何時に始まるかご存知ですか？
How long does it [the movie] last?　上映時間はどれくらいですか？
How long is the movie showing?
　その映画はどれくらい（の期間）上映されますか？
How long is the wait?　どれくらい待ちますか？
What's **on** tonight?　今夜の出し物は何ですか？　＊映画館・劇場などで
How can I buy a ticket?　チケットはどうやって買うのですか？
What's the admission? / How much is the admission?
　入場料はいくらですか？
How much is the room charge?　部屋の料金はいくらですか？

買い物

What floor is the clothing department on?
　衣料品売り場は何階にあるのですか？
Do you have cosmetics?　化粧品はありますか［売っていますか］？
Where can I get [buy] souvenirs?　みやげ物はどこで買えますか？
Where can I find organic vegetables?
　有機栽培の野菜はどこにありますか？
How much does it [this] cost? / How much is it [this]?
　それ［これ］はいくらですか？　　＊⬜ に品物の名前を入れる。
What's the price of this ring?　この指輪の値段はいくらですか？
How much are they [these] in total?　全部でいくらですか？
Does the price include tax?　税金が含まれた値段ですか？

5 トラブルを知らせる

紛失・盗難

My wallet has been [was] stolen.　財布を盗まれました。
I've been robbed.　ひったくりにあいました。
　　＊rob「強奪する」＋〈人・場所〉、steal「こっそり盗む」＋〈物〉
I can't find my baggage [《主に英》luggage].
　　手荷物が見つかりません。　＊the lost and found「遺失物取扱所」
My baggage hasn't come out yet.
　　まだ手荷物が出てきません。　＊空港などで
My ticket has disappeared.　チケットがなくなった。
My passport is lost [gone].　パスポートがなくなった。
I've lost my passport [ticket].　パスポート[チケット]をなくしました。
My suitcase has been damaged.　私のスーツケースが壊れています。

ホテルで

I'm [I was] locked out. ／ I locked myself out.
　　かぎを置いたまま、ドアを閉めてしまいました。
I left the key in my room.　部屋にかぎを忘れてきました。
I can't unlock the door. ／ The key doesn't work.
　　ドアのかぎが開けられません。
No hot water comes out. ／ Hot water doesn't come out.
　　お湯が出ません。
The toilet doesn't [won't] flush (very well). Could you check it, please?
　　トイレの水が（よく）流れません。 調べてください。
The air conditioner doesn't work.　エアコンがききません。

> 😊 物 ＋doesn't work で、故障を知らせることができる。

The light [TV] in my room ⎰ doesn't [won't] turn on.
　　　　　　　　　　　　　⎱ doesn't work.
　　私の部屋の電気[テレビ]がつきません。　＊turn on「つく、つける」

> Could [Can] you repair it?　直していただけますか。

店・レストランで

There's a mistake in this [the] bill.　勘定(書)に間違いがあります。
There's a problem with the check.　＊《英》bill,《米》check
　＊I think や I'm afraid をつけると、ソフトになる。

> ☺ There seems to be a problem with ～　でソフトに問題点が言える。

I think this bill [total] is wrong.　Could you check it again?
　勘定［合計］が違っていると思います。　もう一度調べてもらえますか。
I think ┌ I got the wrong change.　おつりが間違っていると思います。
　　　　└ I'm short of change.　おつりが足らないと思います。
My order hasn't come yet.　注文したものがまだきません。
This is not what I ordered.　これは私が注文したものではありません。
I don't think I ordered (this).　（これは）注文していないと思います。
　＊通例、I think I didn't order. とは言わない。

その他

The car won't start.　自動車のエンジンがどうしてもかからない。
I'm lost.　道に迷いました。
I had [was in] a car accident.　車の事故にあいました。
　＊had の場合は「事故を起こした」の意味にもなる。
The battery is dead.　バッテリーがあがった［電池が切れた］。
I'm out of gas.　ガソリンがなくなった。
I have a flat tire.　タイヤがパンクしました。
I have a problem with my bed.　ベッドのことで困っています。
There's something wrong with the electric kettle.
　電気ポットの調子が悪いです。
I can't find a rest room.　トイレが見つからないのですが。
I don't know how to use this.　これの使い方がわからないのですが。

> Could you tell [show] me how to use this?
> 　これの使い方を教えてください。
> 　　＊show は「（実際に）やって見せる」

35

6 いろいろな場面で

都合を聞く

Will this Sunday suit you?　今週の日曜日は都合いいですか？
Is that okay with you?　あなたはそれでいいですか？
Will it be convenient for you?　あなたの都合はそれでいいですか？
When is (it) convenient for you?　**(注)** convenient は人を主語にできない。
　あなたの都合がいいのはいつですか？
When are you available [free]?
　いつ大丈夫ですか？　いつあいていますか？

お願いをする

Could you take a picture of me?　私の写真を撮ってもらえますか。
Could you move over a little?　少し詰めてもらえますか。
　＊電車や映画館などで
Could you keep my baggage until 4 o'clock?
　4時まで荷物を預かってもらえますか。
Let me through, please.　ちょっと通して下さい。
　＊丁寧な言い方は、May I get through, please?　通してもらえますか。

（ホテルで）

Could you change the towel?　タオルを替えてもらえますか。
Could I have a toothbrush?　歯ブラシをもらえますか。

| I'd like 〜 でほしい物、I'd like to 〜 でしたいことを伝えよう |

I'd like some water [information], please.　水［資料］をください。
I'd like a window seat [an aisle seat], please.
　（飛行機の）窓側［通路側］の席をお願いします。
I'd like to check in.　チェックインしたいのですが。

| Do I need 〜？で必要かどうかたずねてみよう |

Do I need a passport?　パスポートは必要ですか？
Do I need to change trains?　電車を乗り換える必要はありますか？

店でのやりとり

 May [Can] I help you?
いらっしゃいませ。

 I'm just looking, thank you.
ただ見ているだけです。ありがとう。
Thanks, maybe later.　ありがとう。またね。

 Yes, please. I'd like to buy a tie.
ネクタイを買いたいのですが。
I'm looking for a necklace.
ネックレスをさがしています。

Do you have any imported goods [imports]?
　輸入品はありますか？

What other kinds do you have?　他にどんな種類がありますか？

What else do you have?　他にどんなものがありますか？

What are the choices?　どんなものがありますか？

What do [would] you recommend (for a souvenir [present])?
　（みやげ［プレゼント］には）何がお勧めですか？

Would you recommend a few things?
　いくつかお勧めを言ってもらえますか。

Can I try this on?　これを試着してもいいですか。

This isn't my size.　これは私のサイズに合いません。

It's too loud for me.　私には派手すぎます。

Do you have **this** in a smaller size? / Do you have a smaller size?
　もう少し小さいサイズはありますか？

　＊this をつけると「これと同じ物で」ということがはっきりする。

Do you have this in blue?
Dou you have a blue one?] 青い色の物はありますか？

Do you have this in different colors?
Do you have different colors?] 違う色の物はありますか？

(値段をたずねる)

How much is it? / How much does it cost?　いくらですか？

(値段をはねつける)

It's too expensive.　高すぎます。
I can't afford that.　そんな余裕ないです。

(値引きを求める)

Could [Would, Can] you give me a discount?
／ Can I get a discount?
値引きしてもらえますか。

(買う)

I'll take [have] it [this].　それ［これ］をもらいます。
I'll pay in cash.　現金で払います。

Put it in a bag, please.　それを袋に入れてください。
Could [Would, Can] you gift-wrap it, please?
　プレゼント用に包装してもらえますか。
Can I pay in Japanese yen?　日本円で払ってもいいですか。
Do you accept [take] this credit card?　このクレジットカードは使えますか？

飲食店で

 How many in your party?　何名様ですか？

There are four of us.　4名です。

(ファーストフード店などで)

 Is this to go or to eat here? / For here or to go?
ここでお召し上がりですか？ お持ち帰りですか？

To go, please.　持ち帰りで。
For here.　ここで食べます。

Is this seat taken?　この席は空いていますか？
May I share this table?　相席させてもらえますか。
What do you recommend to eat here?
　ここで何を食べるのがお勧めですか？
May [Can] I see a menu, please?　メニューを見せてください。
Do you have a menu in Japanese?　日本語のメニューはありますか？

What would you like?　何になさいますか？
May I take your order?　/　Are you ready to order?
ご注文はお決まりですか？

Coffee, please.　コーヒーをください。
Same for me, please.　私も同じものをお願いします。
I'll have this, please.　（メニューを指して）これをください。
We'd like three steaks.　ステーキを3つください。

Does this come with bread?　これにパンはつきますか？
Can I have a smaller portion of it?　それを少ない量でもらえますか。
May [Can] I have some water?　水をもらえますか。
We'd like to share, so could we get [have] small plates?
　分けたいので[取り分けるので]小皿をください。

Is everything all right?
　いかがですか？

(This is) very good [delicious].
/ (It) tastes good.
　すごくおいしいです。

Can I have the check [bill], please?　]　お勘定をお願いします。
Check, please.
Where should I pay?　どこで支払えばいいのですか？
Can we pay separately?　別々にお会計できますか。
Can we have separate bills, please?　]　勘定は別々にお願いします。
Separate checks, please.

海外旅行で

入国審査

What's the purpose of your visit?
入国の目的は何ですか？

(For) sightseeing.　観光です。
(On) business.　仕事で来ました。

How long will you be staying in Paris?
パリに何日滞在しますか？

Five days.　5日間です。

I'm just passing through.　乗り継ぎするだけです。
I'm in transit to Switzerland.　スイスへの乗り継ぎです。

Where are you staying?　どこに滞在しますか？

(I'm staying) at (the) ABC Hotel.
ABCホテルに泊まります。

税関検査

Do you have anything to declare?
何か申告するものはありますか？

No, I don't. ／ No, nothing.　いいえ、ありません。

両替所

Could [Can] you change this into dollars?　これをドルに替えてもらえますか。
I'd like some small change, too.　小銭もいれてください。

（札を渡して）

May I have some change? ／ Small change, please.
　細かくしてもらえますか。　＊change「つり銭、小銭」

| 覚えておくと便利！ | "Excuse me." と呼びかけて |

Where can I check in?　搭乗手続きはどこでするのですか？
Where is the boarding gate for Japan Airlines?
　　日本航空の搭乗ゲートはどこですか？
What's the gate number?　搭乗ゲートは何番ですか？
What time are we due to arrive at Singapore?
　　シンガポールには何時に到着予定ですか？　＊be due to 〜 は予定を表す。
Why is it delayed?　どうして遅れているのですか？
Could you tell me how to fill in [out] this form?
　　この書類の書き方を教えてください。
Could you change my seat, please?　座席を替えていただけますか。
May [Can] I have a blanket, please?　毛布をいただけますか。

その他

（何かを渡す時）

Here you are. ／ Here it is. ／ Here.　はい、どうぞ。
　　　　　　　　　　┗ 物に重点を置いた言い方

（プレゼントなどを渡す時）

This is for you.　I hope you like it.
　　これをどうぞ。　気に入ってもらえるといいんですが。

Oh, you shouldn't have.
　　まあ、そんなことしていただかなくても。

（順番をゆずる時）

After you.　お先にどうぞ。

Thank you.　ありがとう。

No, you go first.　いえ、先に行ってください。

Step 3 会話で困った時は？

1 聞き取れない場合

（聞き取れない時のとっさのひとこと）「えっ？」　＊上がり調子で
Sorry?　　Excuse me?　　Pardon (me)?　　(I beg your) pardon?

（聞き取れなかったことを伝える）　"(I'm) sorry." の後に

I didn't [couldn't] catch that [you] (well).
　（よく）聞き取れませんでした。
I <u>didn't catch</u> [missed] some of that.　聞き取れなかったところがあります。
I missed your question.　質問を聞き落としました。
I can't hear you well.　よく聞こえません。
　＊声が小さかったり、周りがうるさい時など

I wasn't paying attention.　気をそらせていました。
I wasn't listening.　聞いていませんでした。
It seems (like) I misheard.　聞き間違えたようです。

（何と言ったかたずねる）

What?　何だって？
What did you say?　何て言ったの？　　＊カジュアルな言い方
What was that (again)?　何とおっしゃいました？
　＊これは、1度聞いたのに忘れてしまった時にも使える。
　　たとえば、What was the number (again)?　何番でしたか？
What did you say after "～"?　「～」の後、何て言ったの？
Did you say "Osaka Station"?　「大阪駅」と言いましたか？
You want to buy a **what**?　何を買いたいですって？
　＊わからなかった部分に what や where などを入れる。
Let's meet at ×××. ⟹ At **where**?　どこで？
I went to ○○○ last year. ⟹ You went to **where**?　どこへ行ったの？
How old **did you say** you were?　何歳と言いましたか？
　＊文中に did you say を挿入。その後の語順に注意。
　(注) Did you say how old you were?　何歳か言いましたか？
　＊言ったかどうかを聞いている。

（もう一度言ってもらう）

Could [Would] you $\begin{cases}\text{say that [it] again, please?} \\ \text{repeat that, please?}\end{cases}$
　もう一度言ってもらえますか。

Could you speak up [louder], please?
　大きな声で言ってもらえますか。

Could you speak (a little) more slowly, please?
　もう少しゆっくり話してもらえますか。

Could you speak (a bit) slower, please?
　もう少しゆっくり話してもらえますか。

Once again, please. / Once more, please.
　もう一度言ってください。

2 相手が言った語句がわからない場合

「ちょっと待ってください」
Just a moment [second / minute], please.　/　Hold on, please.

（意味をたずねる）

What does わからない言葉 mean?　　　□の意味は何ですか？
What's the meaning of ～ ?　～の意味は何ですか？
Could you tell me the meaning of ～ ?　～の意味を教えてもらえますか。

（スペル・発音をたずねる、書いてもらう）

How do you spell that [it]?　どんなスペルですか？
How do you pronounce it?　どのように発音するのですか？
Could you write it down?　それを書いてもらえますか。

☺ 聞き取れない単語でも、目で見るとわかるかも…

（わかったら）

Oh, I see. Thank you [Thanks]. I understand now.
　ああ、ありがとう。やっとわかりました。

Now I get it. Thank you [Thanks].　やっとわかりました。ありがとう。

3 相手の話が理解できない場合

I'm sorry, I'm lost.　すみません、話がわからなくなりました。
(I'm afraid) I don't [didn't, couldn't] understand (very well).
　（残念ながら）（あまり）理解できません［理解できませんでした］。
I don't [didn't, couldn't] get it [you].　＊カジュアル
　わかりません［わかりませんでした］。
I don't understand [I'm not sure] what you mean.
　言っていることの意味がわかりません。　＊I'm not sure の方がソフト
I don't understand [I'm not sure] what you're saying.
　何を言っているのかわかりません。
What's that?　何のこと？　＊親しい間柄の場合
What do you mean?　どういう意味ですか？
What are you talking about?　何のことを言っているの？
　(注) 言い方によっては相手（の発言）を責めているように聞こえる。

(話の内容が難しい場合)

I'm (a little) confused.　（少し）頭が混乱しています。
It's too complicated.　複雑すぎます。難しすぎます。
It's beyond my understanding.　私の理解を超えている。(理解できない)

(わかりやすく言ってもらう)

Could you speak (a little) more slowly, please?
　もう少しゆっくり話してもらえますか。
Could you say it in plain English, please?
　やさしい英語で言ってもらえますか。
Could you put [say] it another way?　他の言い方で言ってもらえますか。
Could you explain it a little more simply [briefly]?
　もう少し簡単に［簡潔に］説明してもらえますか。

> Which [That] means? / You mean?　というと？
> 　＊文尾を上げてたずねる。別の言い方をしてもらうことを期待して。

⇩

> Which means (that) … / I mean (that) …
> 　それは … という意味です

4 何と言ったらよいか困った場合

> Well, ...　ええっと、そうね　　Ah, ...　ええっと、あのう
> Let's see. / Let me see.　ええっと、そうですね
> Just a minute [moment], please.　ちょっと待ってください。
> Could I have some time?　少しお時間をいただけますか。
> Hold on, please. I'm thinking.　ちょっと待って。今、考え中です。

(語句が出てこない時)

What's the word?　何て言うんだっけ。
How do you say "ganbare" in English?
　「がんばれ」は英語で何と言うの？
What's "tonbo" in English? / What do you say for "tonbo" in English?
　「トンボ」は英語で何と言うの？
What's that called?　それ何て言うの？　＊物の名前をたずねる場合
What do you call it (in English)?　（英語では）それを何と言うの？
　＊We call it "〜" in Japanese.　日本語では「〜」と言うんだけど。
What's the opposite of 〜?　〜の反対語は何ですか？
What's the past form of 〜?　〜の過去形は何ですか？

こんな言い方も

I forgot the word for it.　その単語を忘れた。→　それ何て言うんだっけ。
I can't think of the English word [the right word].
　英語の言葉［よい言葉］が出てこない。

(言い方がわからない時)

How should I put [say] it?　どう言えばいいんだろう。
How can I say this [it]?　どう言ったらいいんでしょう。
I don't know [I'm not sure] how to put [say] it.
　どう言えばいいのかな。
It's hard [difficult] to say.　言いにくい。(言うのは難しい)
It's hard to explain.　説明するのは難しい。
I can't explain it (well) in English.
　それを英語で（うまく）説明できない。

5 確認する

間違ってる？

Is this good English?　これは適切な英語ですか？
Is this English acceptable [OK]?　この英語、大丈夫ですか？
Is this word [sentence] OK [correct]?
　この言葉［文］は大丈夫［正しい］ですか？
Am I right?　間違っている？
Did I make a mistake?　間違った？
Does this sound funny?　（この言い方は）変に聞こえますか？
How's my pronunciation?　私の発音はどうですか？
Is my pronunciation OK [funny]?　私の発音、大丈夫［変］ですか？

わかる？

(Do you) get it?　わかる？
Got it?　わかった？
You see?　わかる？ わかった？　＊see「〈事〉がわかる、〜を理解する」
Do you understand?　わかりますか？ わかりましたか？
　＊「理解できてる？」というニュアンス
Do you understand [know] what I'm saying?
　私の言っていることがわかりますか？
You know what I mean. / Do you know what I mean?
　私の言いたいことがわかりますか？
Am I making sense?　話は通じていますか？
(Do you) get the picture?　どういうことかわかる？　＊くだけた言い方
　= Do you uederstand the situation?

…ということ？

Do you mean ┐ the book is not worth reading?
You mean   ┘　その本は読む価値がないということですか？
Are you saying (that) the book is not useful?
　その本は役に立たないということですか？

6 自分の英語力について

前置き

I know a little English.　少しなら英語はわかります。

I'm sorry, I can't speak English much.
　ごめんなさい、あまり英語がしゃべれません。

I can speak a little English.　英語は少しだけ話せます。

I'm not confident to speak English.　英語を話すのに自信がありません。

My listening (comprehension) is not good.　聞き取りが苦手なんです。

I'm not sure I can explain it properly.
　うまく説明できるかどうかわかりません。

I may be wrong (, but I think ...)
　間違っているかもしれない（けど … と思います）

If [When] my English sounds strange [funny], please tell me.
　もし私の英語が変だったら言ってね。

Pardon me if my English sounds rude.
　私の英語が失礼に聞こえたら許してください。

発音

I can't distinguish between "l" and "r" when I hear them.
　私はlとrが聞いて区別できない。

I can't pronounce "l" and "r" correctly.　lとrが正しく発音できない。

語彙

I have a hard time memorizing spellings [English words].
　スペル［英単語］を覚えるのに苦労します。

Even if I've learned English words, I forget them easily.
　英単語を覚えてもすぐ忘れます。　＊learn「〈単語など〉を覚える」

I can't increase my English vocabulary.
　英語の語彙をふやすことができません。

会話

I'm often **at a loss for words**.　よく言葉につまります。

I don't have much opportunity to speak English.
　英語を話す機会があまりありません。

Step 4 これくらいは流暢に
（あいづち・応答・問いかけ・ひとこと）

1 あいづち・応答

> （主なあいづち）
> Uh-huh. [ʌhʌ́]　うん、うんうん (yes)　＊肯定・同意を表す。
> Yeah.　ええ、そうだね、うん　＊Yes. よりもくだけた、やわらかい言い方
> Right. / That's right [true]. / You're right.
> 　そうだね。その通りです。
> I see.　わかりました。　I think so.　そう思う。　I agree.　同感です。

（1）肯定的

理解できる

（相手の言ったことが理解できる）

(Have you) got it?　わかりましたか？
(Do you) get it? / Do you understand?　わかりますか？

(I've) got it. / I got it.　わかりました。
I get it. / I understand.　わかります。わかりました。
Sure.　ええ、もちろん

I see [know] what you mean.　　言っていること [意味すること] は
I see your point.　　　　　　　　わかります。
I understand what you say.　　　言っていることは理解できます。

（気持ちが理解できる）

I'm worried about my job interview.
　就職の面接のことが心配です。

I know.　わかるよ。　I can tell.　わかります。
I can imagine.　わかります。（想像できる）

Step4 これくらいは流暢に（あいづち・応答・問いかけ・ひとこと）

肯定する

(はい・その通り・そうだよ)

Tofu is very healthy food.
豆腐はとても健康的な食べ物ですね。

Yes. / Yeah.　はい。
(That's) right [true].　そうですね。
(Yes,) you're right.　（はい、）その通りですね。
Of course. / Definitely. / Absolutely.
　もちろん！　＊Yes.の強調

I think health is more important than wealth.
健康は富より大事だと思います。

(Yes,) I think so, too.　（ええ、）私もそう思います。
Me too. / So do I.　私もそう思う。
I think the same.　そう思います。

I feel the same (way) (, too).　同感です。私もそう思います。
That's what I thought.　私もそう思っていました。
You can say that again.　全くその通りです。　＊強い同意

You have a lot of trouble.
あなたは心配事が多いですね。

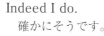
Indeed I do.
　確かにそうです。

I don't agree with her.　彼女に賛成できない。

I don't either.
Neither [Nor] do I.　私もです。
Me neither.

49

Step4 これくらいは流暢に（あいづち・応答・問いかけ・ひとこと）

[気をつけよう]

Don't you like cats?
猫が好きではないの？

Yes, I do.　いいえ、好きです。
No, I don't.　はい、好きではないです。

😊 答えが肯定の内容なら Yes、否定の内容なら No で答える。

[賛成だ]

I think we should decide by majority.
多数決で決めるべきだと思います。

I agree (with you).　賛成です。
(That's a) good idea.　いい考えだ。
(It [That]) sounds good [nice] (to me).　いいですね。
(I have) no objection (to ～).　（～に対して）異議なし。

＊agree to は、「(〈提案・計画など〉に) 同意する、応じる」
to のあとに「人」がくることはない。

[もっともだ]

If you want to work abroad, you should study English.
海外で働きたいのなら、英語を勉強した方がいいよ。

That makes sense.　なるほど。もっともだ。
That sounds sensible.　もっともなことです。

[きっとそうだ]

I think this is a useful book.
これは役に立つ本だと思うよ。

It must be.　そうにちがいない。
I'm sure.　確信しています。　＊主観的な判断に基づく確信

Step4　これくらいは流暢に（あいづち・応答・問いかけ・ひとこと）

🔖 当然だ
It's [That's] natural.　当然だ。もっともだ。
No wonder.　どおりで。当然だ。
　＊No wonder she got angry.　彼女が怒ったのは当然だ。

🔖 たぶん・かもしれない
Maybe (so).　そうかもしれない。
Perhaps.　ことによると、ひょっとしたら　＊《米》では maybe が普通
Probably.　たぶん、十中八九
That's possible. / (It) could be.　ありうる。
That's likely.　ありそうなことだ。
I guess [suppose] so.　たぶんそうだろう。
That's about right.　まずそんなところでしょう。

🔖 部分的に賛成・ある程度賛成
I agree with you in some part.　部分的には賛成します。
I agree with you to some degree.　ある程度は賛成します。
That's an option.　それもひとつの手［選択肢］です。
You have a point.　一理ありますね。

🔖 なんとなく肯定
So it seems. / It seems so.　そのようです。
Kind [Sort] of.　まあね。なんとなくそんな感じ。そんなことだね。
Sort of like that.　そのようなものです。
Something like that.　そのようなものです。そういうことです。

🔖 知ってたよ・やっぱりね
I knew it.　やっぱりね。（そんなこと初めから）知ってたよ。
Just as I thought.　思っていた通りだ。やっぱりね。
So I've noticed.　やっぱりね。わかっていたよ。
So I heard.　そう聞きました。
So I've heard.　そう聞いています。
She is late again.　⇨　That figures.
　彼女がまた遅刻だ。　　　やっぱりね。

I hope so.　そうだといいね。　⇔　I hope not.　そうでないといいね。

依頼や勧誘・提案・申し出を受け入れる

依頼

Could you tell me how to cook it?
　それの料理のしかたを教えてもらえますか。

Okay. / All right. / Sure.　いいよ。
Sure, no problem.　ええ、いいですよ。お安いご用です。
Certainly.　わかりました。　＊Sure.より改まった感じ
(Yes,) with pleasure.　（ええ、）喜んで。
Yes, I'd [I'll] be glad [happy] to.　ええ、喜んで。

Would you mind moving this table?
　このテーブルを動かしていただけないでしょうか。

No, I don't mind at all.
No, not at all.　　ええ、いいですよ。

(注) この場合のNoは、mind「いやに思う」を否定

Can you help me with this, please?
　これを手伝ってくれますか。

Yes, if I can. What is it?
　ええ、私にできることなら。何ですか？
Yes, if it's something I can do.
　ええ、私にできることならね。

（仕事を引き受ける時）
Leave it to me.　私に任せてください。
You can count on me.　任せといて。
I'll take care of it.　引き受けましょう。
　＊この場合のtake care ofは、「引き受ける、処理する」という意味

Step4　これくらいは流暢に（あいづち・応答・問いかけ・ひとこと）

勧誘・提案

Let's have lunch together.
一緒に昼食を食べましょう。

Sure. / OK. / All right.　いいよ。
(Yes,) I'd like [love] to.
I'd be glad [happy] to.　（ええ、）喜んで。

Would you like something to drink?
何か飲み物はいかがですか。

Yes, please.　はい、お願いします。

Shall we have some coffee?
コーヒーを飲みましょうか。

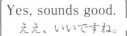

Yes, sounds good.
ええ、いいですね。

Let's meet at the station at 10 a.m.　Is that OK?
午前10時に駅で会いましょう。それでいい？

That's fine.　いいですよ。それで結構です。
That'll be fine.　かまいませんよ。
Fine [OK, All right] with me.　私は大丈夫です。
Good for me.　私はいいですよ。

申し出

Can I carry your bag?　かばんを運びましょうか。

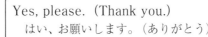

Yes, please. (Thank you.)
はい、お願いします。（ありがとう）

許可する

May [Can, Could] I borrow this book?
　この本を借りてもいいですか。
May I use your bathroom?
　お手洗いをお借りしてもいいですか。

Yes. / Yeah. / Sure. / Certainly.　はい。
Yes, you can [may].　ええ、いいですよ。
　＊may は目上の者が目下の者に許可を与える言い方
(Yes / Sure,) go ahead.　（ええ、）どうぞ。
(Yes / Sure,) feel free.　（ええ、）ご遠慮なく。
Of course you can.　もちろんいいですよ。

Is it okay [all right] {to take / if I take} pictures here?
　ここで写真を撮ってもいいですか。

(That's) OK [all right].　いいよ。
Sure, no problem.　ええ、問題ないよ。

All right, いいですよ。 {if you like [want].　そうしたいなら。
　　　　　　　　　　 if you must.　そうしなければならないなら。
　　　　　　　　　　 if you insist.　どうしてもと言うのなら。

Do you mind if I smoke here?
　ここでタバコを吸ってもいいでしょうか。
Would you mind if I smoked here?　同上　＊丁寧な言い方

　　　（注）mind で聞かれて許可する場合は No

No, not at all.　全くかまいませんよ。
No, of course not.　ええ、もちろんかまいません。
No, I don't. Go ahead.　かまいません。どうぞ。

(2) 否定的

理解できない

Do you understand?　わかりましたか？

(No,)　⎡I don't understand.　　　　⎤　（よく）わかりません。
(いいえ)　⎢I don't (quite) get it.　　⎥
　　　　　⎣I don't see your point.　　⎦
　　　　　　　言いたいことがわからない。

(ソフトな言い方)

I'm sorry, I'm not sure what you mean.
　すみません、何をおっしゃっているのかよくわかりません。

（**I don't** understand.　理解できない [わからない]。）
　can't だと能力や可能性を否定することになるので、I can't ではなく、I don't という方が自然な場合が多い。

否定する

正しくない

He is an honest man.　彼は正直な人ですね。

(I'm afraid,)　⎡that's not right.　そうではありません。⎤
(残念ながら)　⎣that's not true.　それは違います。　⎦
I doubt if that's right.　それは違うと思います。
　※ doubt + if 節「～かどうか疑問に思う」

Is he an honest man?　彼は正直な人ですか？

(No,) of course not.　（いいえ、）もちろん違います。
I'm afraid not.　残念ながら違います。／
　　　　　　　　残念ながらそうではないようです。

Step4 これくらいは流暢に（あいづち・応答・問いかけ・ひとこと）

ありえない

I won the lottery.　宝くじが当たったよ。

It [That] can't be (true).　まさか、そんなはずないよ。
No way.　まさか。とんでもない。
You are kidding [joking].　/　No kidding.
　冗談でしょう。

There might be flying bicycles in the future.
　将来、空飛ぶ自転車ができるかもしれないよ。

That's impossible.　/　It will never happen.　ありえないよ。
Not a chance.　/　No chance!　ありえないよ！

自分の言いたいことと違う

Do you mean I should give up the plan?
　その計画をあきらめるべきだということですか？

[No の後に]
It's not that.　そんなんじゃないよ。
That's not my point.　私が言いたいのはそうじゃありません。
I didn't mean that.　そういう意味ではありません。(誤解です)
That's a misunderstanding.　それは誤解です。

賛成ではない・反対

I think we should cut the budget.
　予算を削減すべきだと思います。

I don't think so.　そうは思わない。　＊No.よりソフト
I don't [can't] agree (with you).
　(あなたに) 賛成できない。
I disagree.　私は違う考えです。私は反対です。
That's not a good idea.
　それはいい考えだとは思えない。

弱い否定・ソフトな否定

Not really.　そうとは言えない。それほどでもないよ。
Not necessarily.　そうとは限らない。必ずしもそうとは言えない。
Not exactly.　ちょっと違う。そういうわけでもない。
That's not exactly right.　それは必ずしも正しいとは言えない。
Probably not.　たぶん違う。　＊十中八九
Maybe not.　違うかもしれない。
　＊perhaps も同様の意味。maybe の方が口語的で、《米》では maybe が普通。
That's not likely.　ありそうもない。
I doubt it [that].　そうは思いません。それはどうですかねえ。
I wonder (about that).　それはどうですかねえ。(たぶん違うと思う)
I guess [suppose] not.
　そうじゃないと思うよ。そうではないでしょう。
It seems not.　そうでもないようだ。

> Not really.　それほどでもない。　Not exactly.　ちょっと違いますね。
> Probably not.　たぶん違う。　I wonder.　それはどうですかねえ。
> I guess not.　そうじゃないと思うよ。

否定的なニュアンス

That doesn't make (any) sense.　それは道理に合わないよ。
That's going too far.　それは言い過ぎだよ。
You're exaggerating.
　あなたは大げさに言っている。→ それは大げさだよ。
You take things too seriously.　考え過ぎだよ。
That's weird. ／ That's strange.　それは妙だな。
I wish!　そうだといいんですが。　＊相手の好意的な主張を穏やかに否定

意外だ

I never thought of that.　考えもしなかった。
I didn't expect that.　それは意外だな。

Step4 これくらいは流暢に（あいづち・応答・問いかけ・ひとこと）

依頼や勧誘・提案・申し出を拒否する

依頼

Could [Would] you carry this box?
この箱を運んでもらえますか。

Sorry, but ┐ ┌I can't (do that).　悪いけど ┌できません。
I'm afraid ┘ └I can't help you.　　　　　　└お手伝いできません。
Sorry, but I'm busy now.　ごめんなさい。今、忙しいのです。
Well, actually I'm in a hurry.　うーん、実は急いでいるのです。
＊ソフトに理由を述べる。

(That's) okay, thank you [thanks].
いいですよ。ありがとう。

勧誘・提案

Would you like another cup of coffee?
コーヒー、もう1杯いかがですか。

I'm OK [fine].　Thank you.┐
That's OK.　Thank you.　┘　結構です。ありがとう。
Not for me.　(I've had enough.)
　私はいいです。（十分いただきました。）

Why don't you join us?
一緒に行きませんか。

(I'm) sorry, but I can't.
　申し訳ないけど行けません。
I'm afraid I can't.
　悪いけど行けません。

Step4　これくらいは流暢に（あいづち・応答・問いかけ・ひとこと）

(その他の断り方)　＊勧誘に対して

I can't make it.　出席できません。都合が悪いです。
Not now.　今はだめです。
Not this time.　今回はだめです。
I'd love [like] to, but …　そうしたいところですが、…
I wish I could.　そうしたいけれどできません。　＊I wish. だけでも可
I'd rather not.　やめておきます。遠慮しておきます。
No, thank you.　　Maybe some other time.　また別の機会にね。
　いいえ、結構です。　Maybe next [another] time.　今度の[別の]機会にね。
No, thank you, but thank you for asking.　＊丁寧な断り方
　いいえ、結構です。でも誘ってくれてありがとう。

:) I'm not sure. 「どうかなあ。」と答えをにごすこともできる。

依頼に対しては、Sorry, but … / I'm afraid …
勧誘に対しては、Sorry, but … / I'm afraid …
　　　　　　　　　I'd love [like] to, but …

(断る理由の例)　＊依頼・勧誘・提案に対して

I have plans.　予定があります。
I don't have time.　時間がありません。
I'm booked up for next month.　来月は予定がいっぱい詰まっています。
I'm tied up at the moment.　今、手が離せません。
I'm busy cooking dinner.　夕食を作っていて忙しいです。
It's beyond my ability.　私の手には負えません。
I don't feel like it. / I'm not in the mood.
　ちょっとその気になれません。
I don't like it very much.　あまり好きではありません。
It's not my favorite.　私の好みではありません。
It's not my type of movie.　あまり私の好みの映画ではありません。
I'm not interested in it.　興味がありません。
I'm full now.　今、おなかがいっぱいです。

Step4 これくらいは流暢に（あいづち・応答・問いかけ・ひとこと）

申し出

Shall I carry your baggage?
荷物を運びましょうか。

I'm OK. Thanks.　大丈夫です。ありがとう。
No, thank you. (I'm fine.)
　いいえ、結構です。（大丈夫ですから。）
(Please) don't bother.　気をつかわないでください。
No, I'm fine.　いいえ、結構です。
No, that's okay. (I can handle it.)
　いいえ、大丈夫です。（なんとかできます。）

Thank you. を忘れずに！

Shall [Should] I call an ambulance?
救急車を呼びましょうか。

No, don't worry.　いえ、結構です。（気にしないで）
No, you don't need to.　いえ、その必要はありません。

Thank you, but that's OK.
Thank you, but I'm OK.　｝ありがとう、でも大丈夫です。
No, I'm OK, but thank you [thanks] anyway.
　いいえ、結構です。でも、ありがとう。
Thank you [Thanks], but no thank you [thanks].
　ありがとう、でも結構です。

No, thank you. だけ言うと、少し冷たく聞こえることもある。

許可しない

May [Can] I sit on this chair?　このいすに座ってもいいですか。

No, you can [may] not.　いいえ、いけません。
　＊一般的には can を使う。
(I'm) sorry, (but) you can't.　すみませんが、だめです。
I'm afraid you can't. ／ I'm afraid not.
　残念ながら、だめです。
Well, I'd rather you didn't.
　うーん、そうしないでいただきたいです。
　＊言いよどみの Well, …

Is it OK [all right] to park here?　ここに駐車してもいいですか。

No, I don't think so.　いや、いけないと思います。
No, you'd better not.　いえ、しない方がいいですよ。

Do you mind if I bring my dog to your house?
私の犬をあなたの家に連れて行っていいですか。

Yes [Yeah], I do (mind) (, actually).
　いえ、(それが) だめなんです。
　(注) mind で聞かれて、許可しない場合は Yes
　＊actually「本当のところは」という意味で、相手への気遣いを示す。
I'd rather you didn't (, if you don't mind).　＊ソフトな言い方
　(さしつかえなければ) 遠慮していただけませんか。
（理由があれば理由を付け加えて）
My son is afraid of dogs.　私の息子は犬をこわがります。

（断られたら）

That's fine [all right].　いいですよ。
Ah, all right. I understand.　いいですよ。わかりました。

(3) 肯定でも否定でもない

どちらでもいい・どれでもいい　＊選択する場合

Either (one) is fine.　どちらでもいいよ。
Anytime next week is okay.　来週であれば、いつでもいいですよ。
Whichever.　どちらでもいいよ。
I don't mind.　どちらでもいいですよ。
It doesn't make ⎡any difference.　どちらでも同じだよ。
　　　　　　　　⎣much difference.　そんなに違いはないよ。
It's up to you.　あなたにお任せします。

イエスともノーとも言えない

Maybe yes, maybe no.　どちらとも言えない。
There are **pros and cons** (to studying abroad).
　（海外留学には）いいところも悪いところもある。
Everything has merits and demerits.　何でも長所と短所がある。
It [That] depends.　どちらとも言えない。場合によるね。
(I feel) it depends on the situation.　状況による（と思う）よ。
It depends on time and place.　時と場所によるよ。
It depends on what it is.　内容にもよるよ。
It all depends on how things go.　すべてなりゆき次第だ。

気にしない

I don't care.　どうでもいいよ。気にしない。
Who cares?　誰が気にする？ → 誰も気にしないよ。
It doesn't matter. / No matter!　たいしたことではない。

(その他、気にしない時のひとこと)

Let's not worry about it.　そんなこと、気にしないでおこうよ。
Let's not think about it.　そんなことを考えるのやめようよ。
Let's forget about that.　その話はなかったことにしよう。
Forget it! (It's nothing.)
　もう言わないで。気にしないで。忘れてくれ。（何でもないよ。）

わからない

I don't know (yet).　(まだ) わかりません。どうしようかなあ。どうかな。
I don't know much about it [that].　そのことについては詳しくありません。
(I have) no idea.　全くわかりません。
I'm not sure (about that).　(それについては) よくわかりません。
I wonder (about that).　そうかなあ。どうかなあ。
I don't know for sure.　はっきりとは知らない。
I can't say **for certain**.　何とも言えません。　＊確かな証拠や根拠がない。

こんな言い方も

How would [should] I know?　知るわけないだろう。
Who knows?　誰が知っている？　→　誰にもわからないよ。
That's a tough choice [question].　難しい選択 [質問] だね。
That's not my department.
　　それは私の得意分野ではありません。

(That's a) good question!《略式》よい質問だ《答えるのが難しい，答えに困る，答えを知らない，などの場合に遠回しに用いられる》．

難しい

It's hard [difficult] to say.　言うのが難しい。　＊hardの方が口語的
(Let me see,) it's a difficult issue.　(そうだなあ，) 難しい問題だね。
Things are not so simple.　そんなに単純な問題ではない。

考え中・時間がほしい

I'm not sure. **I'll think about it.**
　　どうかなあ。考えておきます [考えてみます]。
　　　＊時には断りの表現になることもある。
Let me think about it.　考えさせて。
I'll think it over.　よく考えてみます。　＊think over「熟考する」
I'll sleep on it.　一晩考えてみるよ。
I'm wondering what to do.　どうしようか考えているんだ。
I'm (still) wondering.　(まだ) 迷っています。思案しています。
I can't answer you right away.　すぐには答えられない。

Step4 これくらいは流暢に（あいづち・応答・問いかけ・ひとこと）

様子をみる

Let's see what happens [will happen].
Let's see how it goes [things go]. （どうなるか）しばらく様子をみることにしよう。
Let's wait and see. / Just wait and see.　様子をみましょう。

その他、答えられない時の言葉

言いたくない

Don't ask me such a personal question.
　そんな個人的なことを聞かないでよ。
I'd rather not say [tell you].　（どちらかというと）言いたくありません。
I don't want to talk about it.　それについて話したくありません。
Can we not talk about my family, please?
　家族については話さないでもらえますか。
Sorry. That's personal.　ごめんなさい、個人的なことなので。

> Let's change the subject.　話題を変えましょう。
> Let's not talk about it any more.　この話はもう終わりにしましょう。
> 　＊《米では主に》anymore

言うことがない

I have nothing in particular.　特に言うことはありません。
I can't think of anything else at the moment.
　今のところ、他には何も思いつかない。

思い出せない

I can't remember.　思い出せない。
I've (completely) forgotten. / I forgot.　（完全に）忘れました。
It's on the tip of my tongue.　ここまで出かかっているのですが。

特に理由がない

Just because.　ただなんとなくです。
Just because I want to. / Just because I feel like it.
　ただそうしたいからです。
There's no particular [special] reason.　特に理由はありません。

2 問いかけ

… ですよね？　＊自分が言ったことを確認する。
(付加疑問文)

〈助動詞又は be 動詞＋主語？〉の形を文末に付け加えて確認する。
主語はその文の主語を表す代名詞を使う。
肯定文の後は否定の形、否定文の後は肯定の形にする。
　＊問いかけの場合は上がり調子で、確認の場合は下がり調子で言う。

Tom has a dog, **doesn't he**?　トムは犬を飼っているんですよね。
Ann isn't selfish, **is she**?　アンはわがままではないですよね。

(付加疑問文の代わりに使える語句)
He is really stubborn, right? [yeah?]　彼は実に頑固ですよね。

そうなの？ 本当なの？　＊相手が言ったことを確認する。

Really? / Oh, yeah?　本当？ そうなの？
Truly?　本当？ 本当に？
Is that so?　そうなんですか？　＊皮肉や不信を表す場合もある。
Is that right [true]?　その通りですか？ 本当ですか？
Are you sure?　本当ですか？
　＊Are you sure you got it free?　本当にただでもらったの？
You mean it?　本気で言っているの？
Are you serious?　本気ですか？

(相手が言った言葉を受けて)

I saw him yesterday.　昨日、彼に会ったよ。
⇨ Oh, **did you**? / **You did**?　そうだったの。
　＊相手の発言の〈主語＋動詞〉に対応する。

いいですか？

OK?　いいですか？ わかりましたか？ 大丈夫ですか？
Is this [that] all right?　これ［それ］でいいですか？
Are you okay (with this)?　（この事に関して）あなたはいいですか？
How's this?　これでどうですか？

3 言えると便利なひとこと

合いの手

(That's) good.　よかったですね。いいね。　Sounds good.　いいねえ。
Wonderful!　すばらしい！
That's interesting. / (That) sounds interesting.　おもしろそうね。
Sounds (like) fun.　おもしろそう。楽しそう。
How strange!　変だね。
That's terrible. / Sounds terrible.　ひどいね。最悪だ。
Incredible. / Unbelievable.　信じられない。
　＊Incredible. は通例好ましいことについて用いる。

勧める・促す

Go on.　さあ（話を）続けて。　Please go on.　どうぞ続けて下さい。
Go ahead.　話を始めてください。お先にどうぞ。（許可を表して）どうぞ。
Go ahead with your story.　どうぞ話を続けてください。
Don't hold back.　遠慮しないで（言ってください）。
Come on.　さあ行こう。そうだ。その調子だ。元気を出して。
Have a guess.　当ててみて。

任せて

Leave it to me.　私に任せて。
You can count on me.　私に任せといて。　＊count on「頼りにする、当てにする」
Trust me.　信用して。
I can manage.　自分で何とかする。　＊manage「なんとかやり遂げる」
　☆ Please don't bother. I can manage.
　　おかまいなく、なんとかなりますから。

過ぎたこと

It's in the past.　それはもう終わったことだ（から忘れよう）。
What's done is done.　あとの祭りだ。
What's done cannot be undone.
　してしまったことは元に戻せない。《ことわざ》後悔先にたたず。
That was long ago.　昔の話だ。
I used to.　前はね。以前はそうだった。

いつものこと

I'm used to it.　もう慣れっこだ。
It's always that way.　いつもそうなんだ。

予想・まぐれ

I guessed wrong.　予想がはずれた。
Just as I expected.　予想通りだね。
I didn't expect that. / That's unexpected.　それは意外だね。
It was a lucky guess.　まぐれあたりさ。
It was pure luck.　まぐれですよ。

運

You're in luck. / You're lucky.　ついているね。運がいいね。
You're out of luck.　運が悪いね。　Bad luck.　不運だったね。
What bad luck!　なんてついてないんだろう。
It will be a matter of luck. / It depends on fate.　運次第だね。

結果

It's better than expected.　思ったよりいいよ。
(All) my efforts paid off.　私の努力が報われた。努力が実った。
All my effort was　] wasted.　努力がすべて無駄になったよ。
All my efforts were]

心にとめる

I'll keep it [that] in mind.　覚えておきましょう。
I'll take it to heart.　肝に銘じておきます。

気持ち

I mean it.　本気ですよ。
I can feel [sense] it.　そんな気がするんだ。
I have a bad feeling.　いやな予感がする。
I have mixed feelings.　複雑な心境です。
I'm not kidding. / No kidding!　冗談じゃないよ。
I'm serious.　真剣です。

その他のひとことコメント

That's just like you.　あなたらしいね。
That's a waste (of money).　それってもったいないよ。(お金の) 無駄だよ。
That's common sense [knowledge].　そんなの常識だよ。
That's ⎡out of date.　時代遅れだ。
　　　　⎣out of fashion.　はやらない。
That's a familiar story.　ありふれた話だ。
That's news to me.　それは初耳ですね。
That's what I've heard.　そうなんだってね。そう聞いたよ。
I've heard of the name.　名前は聞いたことがある。
It's a lot of responsibility.　責任重大ですね。
It's worth it.　それだけの価値がある。
You'll be sorry.　後悔すると思うよ。＝ You'll regret it.
Better than nothing.　ないよりはまし。
Just joking.　冗談です。
Go easy on me.　どうぞお手柔らかに。
Take a chance.　当たって砕けろだよ。
No one can tell what will happen.　何が起こるか誰にもわからないよ。
That's too good to be true.
　　あまりにもよすぎて本当とは思えない。→ 話がうますぎるよ。
It's a deal.　これで決まりだ。(申し出に対して) それでいいよ。
That's it.　以上です。そこまで。もう終わり。おしまい。
　　　　　(相手が言ったことに対して) ああそれだ。その通りだ。
That's all.　それで終わり。それだけだ。以上です。
That's my point.　それだよ (私の言いたいのは)。
(You're [That's]) close.　(質問の答えなどが) あと少しで正解。惜しい。
　　　　　　＊close [klóus]「近い」、close [klóuz]「閉める」
It [That] was close.　危ないところだった。危機一髪だった。
It's (just) your imagination.　気のせいだよ。
How awful!
　　(不幸な目に会った人に対して) ひどい話だね。さんざんだったね。
(God) bless you.　(くしゃみした人に) お大事に。

気持ちを伝えよう … 声かけ・感情表現

1 声かけ

ありがとう

Thank you (very [so] much).　（どうも）ありがとうございます。
Thanks (a lot).　（どうも）ありがとう。　＊Thank you. よりくだけた言い方
Thanks as always.　いつもすみません。（いつもありがとう）
I appreciate it.　ありがとうございます。感謝します。　＊丁寧な言い方
　＊appreciate「ありがたく思う」、appreciate の後ろに「人」はこない。
Thank you. I really appreciate your help.
　ありがとう。あなたの手助けに本当に感謝しています。
I'm very [really] grateful (to you).　＊フォーマルな表現
　（あなたには）とても感謝しています。
It's [That's] very [so] kind of you.　ご親切にどうもありがとう。

(感謝する内容を for 〜 で表す)

Thank you [Thanks]
　for everything.　いろいろありがとう。
　for your concern.　心配してくれてありがとう。
　for your kindness.　ご親切にありがとう。
　for your time.　お時間をとらせてすみません。
　for your help. ┐
　for helping me. ┘ お手伝い、ありがとう。
　for waiting.　待ってくれてありがとう。
　for the meal.　ごちそうさまでした。
　　＊自宅や友人宅での食事の後などで

こんな言い方も

You've been very [so] helpful.　とても助かりました。
I can't thank you enough.　お礼の申し上げようもありません。
Thanks to you.　おかげさまで。　＊thanks to 〜「〜のおかげで」
I owe you one.　ひとつ借りができたね。おかげで助かったよ。
Thank you [Thanks], anyway.　とにかく、ありがとう。
　＊うまくいかなかった時の「ありがとう」

Step5 気持ちを伝えよう…声かけ・感情表現

(感謝の言葉に対して)

You're welcome. / Welcome.　どういたしまして。
Sure.　いいですよ。　＊カジュアルな言い方
That's OK.　いいですよ。
Not at all.　どういたしまして。
No problem.　なんてことありませんよ。
Don't mention it.　(感謝・おわびに対して)どういたしまして。
It's nothing. / I was nothing.　たいしたことありません。
My pleasure.　(丁寧に)どういたしまして。こちらこそ。
　　＊It's [It was] my pleasure. というともっと丁寧
The pleasure is mine.　こちらこそ。
Any time.　いつでもどうぞ。
　　＊《米》では anytime、《英》では any time が普通
Thank you.　こちらこそ。　＊you にアクセントを置く。

すごい・すばらしい

Great! / Wonderful! / Fantastic! / Excellent! / Terrific!
　すごい！　すばらしい！
(That's) amazing.　すごい！　驚いたな。
(That's) cool.　いいね、すごいね、かっこいい、イケてる
How nice!　いいね。
(That) looks wonderful!　すてき！　すばらしい！　似合っている！
　　　　└─ 見てほめる。
Sounds perfect!　いいねえ、完璧！　＊アイデアをほめる。
That's impressive!　そりゃすごい！　＊強い印象を与える。感銘を与える。
You did it! / You made it!　やったね。
Good [Great] job! / Well done!　よくやった。
Good for you.　(行為をほめて)りっぱなものだ。うまいぞ。
　　＊(何かいい事があって)「よかったね、おめでとう」の意味もある。
That's [You're] (really) something.
　それ[あなた]は、たいしたものだ。
It's just like you to ～　～するとはさすがにあなただ

(ほめ言葉に対して)

Thank you. / Thanks.　ありがとう。
It's nice of you to say so.　そう言ってくれて［ほめてくれて］ありがとう。
Thank you for saying so.　そう言ってくれてありがとう。
Thank you for the compliment.　ほめてくれてありがとう。
That's a great compliment.　ほめてくれてうれしいです。
　＊complimentはflattery（お世辞）と異なり、積極的なよい意味を持つ。
You flatter me.　お口がお上手ですね。
You're (just) flattering me.　お世辞を言ってるわ。（お世辞ばっかり）
I'm (very) flattered.　（大変）光栄です。

おめでとう

Congratulations!　おめでとう！
Congratulations on your graduation!　卒業、おめでとう！
Congratulations on passing the exam!　試験合格、おめでとう！
Congratulations on your marriage!　結婚、おめでとう！
Congratulations on the birth of your child!　ご出産、おめでとう！
Congratulations on your (sixtieth) birthday!
　（60歳の）お誕生日、おめでとう！

ごめんなさい・すみません

Sorry.　ごめんね。
I'm (so) sorry.　（本当に）すみません。
I'm sorry about that.　そのことについては申し訳ありません。
I apologize (to you).　おわびします。　＊フォーマルな表現
Please forgive me.　申し訳ありません。お許しください。

I'm (really) sorry
- for my rudeness.　無礼をお許しください。
- for the trouble.　ご迷惑をかけて申し訳ありません。
- to call you late.　遅く電話してごめんなさい。
- to trouble you.　ご迷惑をかけてすみません。
- to bother you.　お手数をかけてすみません。

I'm sorry to **have worried** you.　心配をかけてすみませんでした。
　＊have＋過去分詞で過去を表す。

(I'm) sorry ⎡I'm late.　遅れてごめんなさい。
　　　　　　 ⎣I kept you waiting.　待たせてごめんなさい。
I'm sorry if you are offended.　気分を害したのならごめんなさい。
Excuse me.　ごめんなさい。すみません。（ちょっと）失礼します。
　＊Excuse me. は、ささいな過ちや失礼な行為などに対して使う。

（Excuse me. の使い方）

人と体がぶつかった時、中座する時、くしゃみなどをした時、
人の前を通る時、何かの用で呼びかける時、聞き返す時　など

（こんな言い方も）

It's (all) my fault. / It was my fault.　（すべて）私の責任です。
It was careless of me. I feel bad.　私の不注意でした。申し訳ない。
I feel bad about it.　悪いと思っています。
I won't do it again.　もう二度としません。
I'll make up for it.　この埋め合わせはします。

（わびの言葉に対して）

That's OK.　いいですよ。
Don't worry. / Never mind.　気にしないで。
That's all right [fine]. It's nothing.　大丈夫。何でもありません。
That's OK. Don't worry about it.　大丈夫です。心配しないで。
　＊that は相手の言動を指す。
　　that は it に比べて、比較的はっきりしたものを指す場合に使うことが多い。
No problem. It's all right.　どういたしまして。大丈夫です。
Not at all.　いいですよ。どういたしまして。
Never mind. Forget about it.　気にしないで。忘れてください。
It can't be helped.　仕方がないよ。どうしようもないよ。
　＊相手の謝罪などに対する慰めや寛容な態度を示す表現

「こちらこそごめんなさい」

I'm sorry. に対して I'm sorry too. ではなく、No, Í'm sorry.
Excuse me. に対しては　Excuse mé. で、me を強調する。

（言い訳のいろいろ）

(I'm) sorry を言ってから

Something [urgent / important / else] came [has come] up.　緊急の／重要な／他の用事ができました。

I was caught in a traffic jam.　交通渋滞にあいました。
I went to the wrong place.　違う場所に行ってしまいました。
I have a bad [poor] sense of direction.　私は方向音痴なんです。
I'm terrible [bad] at remembering names.
　私は名前を覚えるのが苦手なんです。
I'm very forgetful.　私はとても忘れっぽいんです。
My memory is getting worse.　物覚えが悪くなってきているんです。
It must be old age.　年のせいにちがいない。
It may be a symptom of aging.　老化の兆候かもしれません。
I didn't mean to.
　わざとではないんです。そんなつもりではなかったのです。
I didn't mean it.　悪意はなかったんだ。本気ではなかったんだ。
I didn't mean any harm.　悪気［悪意］はありませんでした。
I didn't mean to hurt you [your feelings].
　あなた［あなたの気持ち］を傷つけるつもりはなかったのです。
I meant it as a joke.　冗談のつもりで言ったのです。
It slipped my mind.　うっかりしてそれを忘れました。
It was just a slip of the tongue.　単なる言い間違いでした。

気の毒に・気持ちわかるよ

That's too bad.　それは残念だ。お気の毒です。
I'm sorry to hear that.　それはお気の毒に。　＊内容が深刻な場合
I'm so [very] sorry for you.　とてもお気の毒に思います。
I feel sorry for him.　彼を気の毒に［かわいそうに］思う。
I know how you feel.　あなたの気持ち、わかります。
Poor thing.　かわいそうに。
I feel pity for poor people.　貧しい人々を気の毒に思う。
　＊feel pity「気の毒に思う」は、しばしば人を見下した気持ちを含む。

Step5　気持ちを伝えよう…声かけ・感情表現

(お悔やみ)

I'm (so, very) sorry about your mother.
　お母様の件、お気の毒に思います。
I'm sorry to hear that.　それはお気の毒なことです。
Please accept my condolences.
　　お悔やみ申し上げます。　＊フォーマルな言い方
My condolences.　ご愁傷様です。
May he [she] rest in peace!　彼［彼女］が安らかに眠られることを祈ります。

気にしないで・心配しないで

Don't worry (about it).　気にしないで。大丈夫。
　＊たいした問題でなければ、No problem.
Don't be so ┌disappointed.　そんなにがっかりしないで。
　　　　　　└depressed.　そんなに落ち込まないで。
It's not your fault.　あなたのせいじゃないよ。
Don't take it so seriously.　そんなに深刻に考えないで。
Don't feel so bad.　そんなにがっかりしないで。
　＊feel badは「がっかりする、申し訳なく思う、悪いと思う、残念［気の毒］に思う」
　　などの意味がある。
There's no use worrying about it.　心配しても仕方がないよ。

たいしたことない・まだまし

No matter. / It doesn't matter.　たいしたことはないよ。
It's not a big deal [no big deal].
　たいしたことじゃないよ。　＊ほめられた時にも使う。
It's just a small problem.　ささいなことだよ。
It could be worse.　まだましだ。

よくあることだ

It happens.　よくあることだ。そういうこともあるよ。
It happens to everyone.　誰にでもあることだよ。
It could happen to anyone.　誰にでもありうることですよ。
That often happens.　よくあることです。
That's life.　人生はそんなものですよ。

大丈夫？　大丈夫・うまくいくよ

Are you okay [all right]? / You all right?　大丈夫？
It's OK.　大丈夫ですよ。
  ＊it は相手の不安や悲しみ、今の状況を表す。
It'll be OK.　なんとかなるよ。
You'll be fine.　大丈夫ですよ。
Things will **work out**.　うまくいきますよ。
  ＊work well, go well も同様の意味
I hope [it'll work out. / you'll make it.]　うまくいくといいね。
  ＊make it「〈人が〉成功する、うまくやる」
You will get through [get over] this.
  あなたはきっとこれを乗り越えられるよ。
Better luck next time!　（励まして）次回はうまくいきますように。

がんばって

Good luck (with the entrance exam).　（入試を）がんばってください。
I wish you luck.　幸運を祈るよ。がんばってください。
Go for it!　（相手を励まして）がんばれ。行け。
Keep going.　がんばって（続けなさい）。（そのまま）がんばれ。
Give it a try. / Just try it!　がんばってやってみなさい。
Hang in there.　（困難に直面している人を激励して）あきらめるな。
　　　　　　　（最後まで）がんばれ。
Don't give up.　あきらめるな。
  ＊Never give up! は将来にわたって継続的に「あきらめるな」の意で、現在に焦点を当てる場合には用いない。（ジーニアス）
Cheer up!　がんばれ。くよくよするな。
Chin up!　がんばれ。元気出して。
Do your best.　ベストを尽くすんだ。
Just try your best.　とにかくベストを尽くしてやってみなさい。
You can do it!　あなたならできるよ。
Think positively. / Be positive.　前向きに考えて。

2 気持ちを表現する

うれしい・しあわせ・よかった

I'm (so, really) happy.　(とても)幸せです。うれしいです。
I'm (very) glad [happy, pleased] to hear that.
　それを聞いて(とても)うれしい。
I'm delighted at [to hear] the good news.　よい知らせを聞いてうれしい。
　＊delighted は、pleased より意味が強い。
I'm glad it turned out well.　うまくいってうれしい[よかった]。
　＊turn out ～「～であることがわかる」
(That's) good.　よかった。
Thank goodness!　(そりゃ)ありがたい。よかったあ！

楽しい

I'm happy.　楽しいです。　＊「楽しい」の意で最も一般的な語（ジーニアス）
I enjoyed myself (playing tennis).　(テニスをして)楽しかったです。
I enjoyed dancing very much.　ダンスをして、とても楽しかった。
I had a (very) good time.　(とても)楽しかったです。
It's great fun.　すごくおもしろい。非常に楽しい。
It was a lot of fun.　とても楽しかった。

　「楽しい」という意味の pleasant, enjoyable, fun などは、
　人を主語にして「楽しい」という気持ちを表現することはできない。

感動した

I'm impressed [moved, touched].　感動しています。感動した。
I was ⎡moved (by the movie).　(その映画に)感動した。
　　　　touched (by [with] her kindness).　(彼女の親切に)感動した。
　　　　⎣impressed (by her words).　(彼女の言葉に)感銘を受けた。
It really touched [moved, impressed] me.　とても感動した。
This is a very moving [touching] novel.　これはとても感動的な小説だ。

　　　move「心を動かす」, touch「心に触れる」, impress「印象づける」
　　　というニュアンス

Step5　気持ちを伝えよう…声かけ・感情表現

わくわくする

I'm excited.　わくわくしている。楽しみにしている。　＊興奮している。
I'm excited about going abroad.　海外へ行くのでうきうきしている。
That's [It's] exciting.　（それは）わくわくするね。
I'm looking forward to it.　楽しみにしている。
I can't wait.　待ち遠しい。待ちきれない。

満足だ

I'm very [completely] satisfied (with the result).
　私は（その結果に）大変満足している。
I'm satisfied with your work.　あなたの仕事に満足しています。

安心する・くつろぐ

I'm relieved. / That's a relief. / What a relief!（強調）　ほっとした。
I'm relieved ┌to hear that.　それを聞いて 安心した［ほっとした］。
　　　　　　└at the news.　その知らせにほっとした。
I feel comfortable at home.　家にいるとくつろげる。
I feel relaxed when I take a bath.　風呂に入るとリラックスできる。
I feel relaxed [comfortable, at ease] with them.
　彼らと一緒にいると落ち着く。

> Your house is really relaxing [cozy, homey].
> 　あなたの家は本当にくつろげる［居心地がいい］。

うらやましい

You're (so) lucky. / Lucky you.　いいなあ。うらやましいです。
I envy you.　うらやましいよ。いいなあ。
I'm envious of him [his success].　彼［彼の成功］をねたんでいる。
　＊「ねたむ」という意味では envy より、be envious of の方が普通
I'm jealous of his success.　彼の成功をねたんでいる。

> 📖 jealous は envious よりうらやましく思う気持ちが強い時に相手への
> 　憎しみや憤慨まで含む。しかし賞賛の気持ちを込めて，I'm jealous of you.
> 　（もう，しっとしてしまいそう）などという時はマイナスの意味はない．

77

Step5 気持ちを伝えよう…声かけ・感情表現

悲しい・寂しい・気が重い

I'm [I feel] sad.　悲しいなあ。
I'm unhappy.　悲しいなあ。
I was umhappy that I couldn't go out.　外出できなくて悲しかった。
I feel ⎡empty.　むなしい。
　　　 ⎣miserable.　みじめだ。
I'm [I feel] lonely.　寂しい。
　＊I'm 〜 は、「そういう状態である」、I feel 〜 は、「そう感じる」
I feel like crying.　もう泣きたいよ。
I feel blue [gloomy].　憂うつだなあ。
I'm very [so] depressed.　すごく落ち込んでいます。
That's depressing. / How depressing!（強調）　気が重いなあ。
I'm [I feel] down.　落ち込んでいます。

がっかり・残念・ついてない

I'm disappointed (in his attitude).　（彼の態度には）がっかりです。
I'm disappointed with [by] you.　あなたにはがっかりだ。
　＊by you は、「がっかりさせられた」というニュアンス
I was disappointed at his absence.　彼が留守だったのでがっかりした。
That's disappointing.　それはがっかりだね。
That's a shame [pity].　それは残念だ。
I'm out of luck. / I'm unlucky.　ついてないなあ。
What bad luck!　ついてないや。なんてついてないんだろう。
It's not my day.　今日はついてないなあ。
I was unlucky to be caught in a traffic jam.
　交通渋滞にあうなんてついてなかった。

後悔する

I regret it.　後悔しています。
I regret telling you. / I regret that I told you.
　あなたに話したことを後悔している。
I shouldn't have done [said] that.
　あんなことしなければ [言わなければ] よかった。

恥ずかしい

I'm embarrassed. 恥ずかしいなあ。 ＊きまりが悪い。
I was embarrassed by [at] my child's bad language.
　私は子供の悪い言葉づかいにきまりの悪い思いをした。
How embarrassing! 恥ずかしい！ なんて恥ずかしいんでしょう。
I'm ashamed of myself. 我ながら恥ずかしいです。
　＊（道徳的に間違ったことをして）恥じている。
I'm ashamed of my rudeness. 私は自分の失礼を恥ずかしく思う。

こわい

(It's [That's]) scary. 恐ろしい。こわい。
I'm afraid (of injection). （注射が）こわい。 ＊恐れる。弱気になる。
I'm scared (of spiders). （クモが）こわい。 ＊おびえる。びくびくする。
I'm frightened. こわい。 ＊ぎょっとするような恐怖
I was scared by the strange noise. 変な物音にびっくりした。
I was terrified by [with] the thunder. 雷に肝をつぶした。
　＊terrify は frighten より恐怖感が強い。恐れおののく感じ。

心配

I'm worried (about your health). （あなたの健康のことが）心配です。
I'm concerned about my son's future. 息子の将来が気がかりだ。
　＊一般的に be worried より心配の度合いが弱い。
I feel [am] uneasy about the future. 将来のことが不安だ。
I'm anxious about the results of the job interview.
　就職の面接の結果がどうなるか心配だ。
　＊anxious は「〈まだ起こらない事〉を心配している、不安に思う」

困っている

I have a problem (with my daughter).
　（娘の）問題をかかえている。 →（娘のことで）困っています。
I'm having trouble (with my daughter). （娘のことで）困っています。
I'm in trouble. 困っています。
I'm at a loss. どうしたらいいか途方にくれ（てい）る。

Step5　気持ちを伝えよう…声かけ・感情表現

あきらめ

I give up.　あきらめます。　　I gave up.　あきらめたよ。
I feel hopeless about ~　　~についてはあきらめています
It's hopeless.　絶望的だよ。
I can't help it.　どうしようもない。　＊私がどうすることもできない。
I have no choice.　そうするしかない。
There's nothing I can do about it.　どうしようもないよ。
I'll leave it to chance [fate].　運を天に任せるよ。

面倒くさい・わずらわしい・いやだ

That's a pain. / What a pain!　面倒くさいなあ。いやだなあ。
It's a lot of trouble to weed in summer.
　　夏に草を引くのはとても面倒だ［大変だ］。
I can't be bothered to think about it.　そのことを考えるのも面倒くさい。
　　＊can't be bothered to ~「《英》わざわざ~したくない」

うんざり・退屈

I'm tired [sick] of it.　もううんざりだ。
　　＊同じことの繰り返しで飽きる。be sick of は be tired of より強意的。
　　　強調して sick and tired ともいう。
I'm fed up with this wet weather.　この雨天にはあきあきしている。
I'm bored (with his lecture).　（彼の講義には）あきあきしている。
　　＊関心や興味などがなくて飽きる。
How boring!　退屈だなあ。
What a dull speech!　なんと退屈な話なんだ。

むかつく

That's disgusting.　むかつくね。最低だね。
I'm disgusted at [by, with] her behavior.　彼女のふるまいにむかつく。

> by は「むかむかさせられる」といった受身的性格が強い場合に、at は「見て、聞いて、知って」、with は「むかついている」という状態をいう場合に用いる。

Step5 気持ちを伝えよう…声かけ・感情表現

いらいらする

I'm irritated.　いらいらするなあ。
I'm annoyed (about his behavior).　（彼のふるまいに）いらいらする。
I'm irritated by her selfishness.　彼女のわがままにいらいらする。
Her selfishness irritates [annoys] me.
　彼女のわがままにいらいらさせられる。
It's irritating [annoying].　いらいらさせるよ。うっとうしいなあ。
How annoying!　いらいらするなあ。うるさいなあ。いやだなあ。
How frustrating!　いらいらするなあ。
I was (much) annoyed by [with] the noise.
　私は騒音に（とても）悩まされた。

> annoy と irritate は通常は交換可能．くり返し起こることや人のくせ，くり返される行為などについていうときは irritate が好まれる．

I was getting impatient with my children.
　私は子供たちにいらいらしてきた。
I was waiting impatiently (for my children).
　私はいらいらして（子供たちを）待っていた。

怒っている

I'm (very) angry (at your idleness).
　（あなたの怠慢に）（すごく）怒っています。
I got angry with [《米では主に》at] the children.
　私はその子供たちに腹を立てた。
I got angry with [at] him for lying.　彼がうそをついたことに腹を立てた。
I'm mad (at him).　（彼に）頭にきた。　＊mad は angry のくだけた語
I'm furious (at what she said).　（彼女の言ったことに）激怒しています。
I'm upset.　むしゃくしゃする。

こんな言い方も

I can't stand it any more.　もう我慢できない。
I'm running out of patience.　もう我慢の限界だ。
That's none of your business.　よけいなお世話だ。
Suit yourself.　勝手にしなさい。

Step5　気持ちを伝えよう…声かけ・感情表現

緊張する

I'm nervous. / I'm tensed up.　緊張するなあ。
I got nervous.　不安になった。緊張した。

こんな言い方も

I have butterflies in my stomach.　（緊張で）どきどきするなあ。
My heart is pounding.　（緊張で）心臓がどきんどきんしている。

驚く

I'm surprised (at the news).
　（そのニュースに）驚いている［びっくりした］。

> be startled by [at] 〜, be astonished at [by] 〜 も驚きを表す。
> startle, astonish, surprise の順に意味が弱くなる。

I was shocked (by the news).　（そのニュースに）衝撃を受けた。
That's surprising.　それは驚きだね。
I can't believe it. / Unbelievable! / Incredible!　信じられない。
You're kidding. / You must be kidding.　冗談でしょう。まさか。
No kidding.　冗談でしょう。まさか。とんでもない。
No way!　とんでもない。冗談じゃない。まさか。
I'm speechless.　何て言ったらいいか。言葉が出ません。
Oh my god!　大変だ、おやまあ、何てことだ
　＊強い表現なので用いない方が無難とされる。婉曲に Oh, my gosh!
Oh, no!　とんでもない、ひどい、どうしよう

（思わず出る声）

Oh.　おお、ああ、おや
　＊音調の変化により、驚き・喜び・悲しみなど様々の感情を表す。
Oops! [(w)úps, ú:ps]　おっと！　しまった！
　＊へまをしたり間違えた時の驚きや残念な気持ちを表す。
Phew! [fjú:]　ふう　＊安堵感・疲れ・息切れを示す。
　　　　　うわあ、ひゃあ、へえっ　＊不快・驚きを示す。
Wow! [wáu]　うわあ、やあ　＊驚嘆・喜びなどの叫び
Ouch! [áutʃ]　あうっ、痛いっ、熱いっ、いかん、まずい
　＊突然の鋭い痛みに対する反射的な叫び

興味・関心・意欲

I'm interested (in history).　私は（歴史に）興味がある。
I'm curious. / I want to know.　知りたいです。
I'm crazy about dancing.　私はダンスに夢中だ。
I'm really into music.　私は音楽にすごく夢中になっている。
I feel motivated.　やる気がある。
　⇔ I don't feel motivated (in my work).
　　（仕事に）やる気がわきません。
I'm getting more motivated.
　やる気が出てきました。
I'm eager to succeed. / I'm eager for success.
　私はうまくいくように強く願っている。
I'll [I'd] be happy [glad] to help you.　喜んでお手伝いします。
　＊I'm willing to help you. も同様の意味
I'll help you with pleasure.　喜んでお手伝いします。

（関心がない・いやいやながら）

I'm indifferent to politics.　私は政治に関心がない。
I'm not interested in gossip.　私はゴシップに興味がない。
I don't feel like studying.　　　　　　　　
I'm not in the mood for studying.　勉強する気がしない。
I obeyed my boss unwillingly.　私はいやいやながら上司に従った。
I was unwilling to pay the additional charge.
　私は追加料金を払うのをしぶった。　＊払わなかったことを含意

幸せだ	I'm happy.	うれしい	I'm glad.
わくわくする	I'm excited.	満足だ	I'm satisfied.
ほっとした	I'm relieved.	寂しい	I'm lonely.
悲しい	I'm sad.	いらいらする	I'm irritated.
がっかりだ	I'm disappointed.	落ち込んでいる	I'm down.
心配だ	I'm worried.	こわい	I'm scared.
恥ずかしい	I'm embarrassed.	緊張する	I'm nervous.

Step 6 出だしやつなぎをスムーズに

1 出だし

> **（出だしのひとこと）**
> **Well,** ええっと、ところで、さあ、うーん
> ＊話者が何かを考えたり、ためらっていることを表す。話の切り出し・切り替え。
> **So,** それでは、ところで、じゃあ
> **Now,** さて、ところで ＊相手の注意を引く。話題の転換・切り出し。
> **You know,** ねえ、ところで ［文中で］えー、ほらあの
>   I've lost my watch, **you know**, the one I bought last month.
>   時計をなくしたの。ほらあの、先月買った時計。

(1) 呼びかけ・前置き

呼びかける

Excuse me. ちょっとすみません。 ＊相手の注意を引く時の表現
(Sorry, but) can I talk [speak] to you?
　（失礼ですが）ちょっとお話していいですか。
Do you have a minute [time]?
　ちょっといいですか？［お時間ありますか？］
Sorry to interrupt. お話し中、すみません。 ＊interrupt「じゃまをする」
May I interrupt? ちょっとよろしいですか。
You know what? ねえ、知ってる？ ちょっと聞いてよ。
Guess what! あのねえ、ねえ聞いてよ ⇒ What? 何？
Have you heard? / Did you hear? あなた、聞いた？

話があることを知らせる

I have some news about 〜　〜についてニュースがあるんだけど
I have something to tell you. 話があるのですが。
I have a good idea. いい考えがあります。⇒ What is it? 何ですか？
Can [May] I ask (you) something? ちょっと聞いていいですか。
I have a question (to ask you). 聞きたいことがあります。
I have a favor to ask (you). お願いがあります。
Would [Could] you do me a favor? お願いを聞いていただけますか。

話を切り出す・前置き

I think ...　　　私が思うには …
I hope ...　　　願わくば …
I'm afraid ...　　残念ながら …
　＊文中にも挿入可能。文末に付け足すこともできる。

in my opinion　　私に言わせれば、私の意見では
as for me　　私（自身）はどうかといえば
personally　　自分としては、私自身は、私的には
as far as I am concerned　　私に関する限り、私（の意見）としては
Well, if I were you, I'd [I would] ...　　そうですね、私なら … でしょう
If you ask me, ...　　私に言わせれば … 、私の考えでは …
As I said before, ...　　前にも言ったように …
As I told you, ...　　お話したように …
As you can see, ...　　ご存知のように …
Come to think of it, ...
　　考えてみると［みれば］、そう言えば、今思い出したんだけど

（相手の言っていることを受け入れてから反対意見を言う）

I see what you mean, but ...
I understand what you're saying, but ...
I can see your point, but ...
　あなたの言っていることはわかるけど …

That's true; however, ...　それはごもっともですが、…

（使い慣れよう）

I think　私が思うには　　in my opinion　私に言わせれば
if I were you　私なら　　as I said　さっき言ったように

こんな言い方も

It's hard to say, but ...　　言いにくいんだけど …
I hate to tell you this, but ...　　こんなことを言いたくはないのですが …
I'm not sure, but I guess ...　　よくわからないのですが、… だろうと思う
Between you and me, ...　　ここだけの話だけど …
　＊This is just between you and me.　　これは、ここだけの話ですよ。
It's a long story.　　話すと長くなります。
Believe it or not ...　　信じようと信じまいと …

Step6　出だしやつなぎをスムーズに

順序だてて

first　　まず最初に　　＊強意形は first of all
second / then / next　　次に
firstly　　第一に　　　secondly　　第二に　　＊first, second より堅い言い方
for one thing　　1つには　　　for another　　もう1つには［他に］
　　＊理由を述べるのに用いる。
in the end　　［通例文頭で］（話し合ったり、考えたあと）結局は、つまるところ
　　＊「最後に、最終的に」という意味もある。
finally　　（講演・文章・スピーチなどで）最後に、終わりにあたって
　　＊first(ly), second(ly) と呼応して一連の関連する項目の最後を導入する時に用いる。

範囲・出どころ・伝聞

as far as ⎡ I (can) remember　　私の覚えている限りでは
　　　　 ⎣ I can tell [see]　　　私のわかる限りでは
from what I've heard [I heard]　　聞いたところでは
according to today's news　　今日のニュースによると
there's a rumor that ...　　…といううわさがある
as the saying goes / as the proverb says [goes]　　ことわざにもあるように
as they say　　世間の人々が言うように
They [People] say that he got married last year.
　　彼は去年結婚したそうだ。
　　＝It is said that he got married last year.

会話では they say を使うことが多く、it is said that ... は、
書き言葉やニュース・報告などで好まれる。

That is the man who **they say** saved the boy.
　　あれがその少年を救った男だそうだ。
　　＊they say を文中や文の終わりで用いることもできる。
He is said to be the richest man in this town.　　＊彼が主題
　　彼はこの町で一番金持ちの男と言われている。
I hear he is thinking of going abroad.
　　彼は海外へ行こうと考えているそうだ。
　　＊I hear を文末に置くこともできる。「…と聞いた」「…だそうだ」

(2) 出だしのパターン

 文頭に限らず文中・文末で使われるものもある。

to 不定詞

to tell the truth　実を言うと
to make matters worse　さらに悪いことには
to make [cut] a long story short　手短かに言うと
to put it briefly　簡単に言うと　＊put「〈考えなど〉を表現する」
to put it mildly　できるだけ穏やかに [控えめに] 言えば [言っても]
to say the least　控えめに言っても　＊文中・文末で用いることが多い。
to be frank [honest]　率直 [正直] に言うと [言って]
strange to say　不思議な話だが、奇妙なことに
needless to say　[文頭・文中・文末で] 言うまでもないことだが
to be sure　確かに、[文修飾；通例文頭で] もちろん (of course)
just to be sure　念のために

副詞

actually　本当のところは、実は　＊遠回しに意見を述べる時。文末でも可。
　　　　　[謝罪で] 実は (ですね)
apparently　（実際はともかく）見たところは … らしい
generally (speaking)　一般的に言って
frankly (speaking)　率直に言うと [言って]、はっきり言って
honestly (speaking)　正直に言って
roughly speaking　大ざっぱに言えば
obviously　言うまでもなく、確かに、明らかに
surely　[文頭・文中・文末で]（でも）確かに、必ず、きっと
surprisingly　驚いたことに、意外にも
not surprisingly　驚くことではないが、当然のことながら
fortunately　幸運にも、ありがたいことには
unfortunately　不運にも、残念ながら、あいにく
probably　たぶん、おそらく、十中八九　＊可能性が高い。
unexpectedly　意外なことに、意外にも、思いがけないことに
similarly　同様に、同様のことだが
naturally　思っていた通り、当然 (ながら)、もちろん
　＊文頭が多いが、文中・文末にも用いられる。

前置詞句

in fact　実際は、事実上は
　☆ **In fact** he had nothing to do with it.
　　実際は彼はそれと関係がなかった。
in any case　ともかく (anyway)、どんな事情にせよ
　☆ **In any case** you have to finish the work by yourself.
　　ともかくあなたは自分でその仕事をすませなければならない。
in many cases　多くの場合、たいてい
in a sense　ある意味では
in the long run [view]　結局は、長い目で見れば　＊文末でも可
　☆ **In the long run** they will realize you are right.
　　結局はあなたが正しいことを彼らはわかってくれますよ。
On the whole the Japanese are punctual.　概して日本人は時間を守る。
On the surface he and I get along well.　＊文末に用いることもある。
　表面上は [うわべは] 彼と私はうまくいっている。
to the best of my knowledge　私の知る限りでは
to my surprise　驚いたことに
from an educational point of view　教育的観点から言うと
for some reason　よくわからないが何かの理由で、どういうわけか

what 節

What I mean is …　私が言いたいのは…
What I want to say is …　何が言いたいかというと…
What I'm trying to say is …　私が言おうとしているのは…

Here's

　＊話の前置きで使う表現
Here's my point.　こういうことなんですよ。これが私の言いたいことです。
　＝ This is my point.
　＊話の後で、This [That] is my point. ということもできる。

> this は「すでに述べたことやこれから述べること」、that は「すでに述べたこと」を指す。

Here's what I heard.　私はこう聞きました。
Here's why [how] I was late.　私が遅れたのはこういう理由 [経緯] です。

時に関連する語句

The minute [moment] the bell rang, she ran away.
ベルが鳴ったとたん、彼女は逃げ出した。

Now (that) you (have) graduated from college, you should get a job.
今や[もう]大学を卒業したのだから、就職するべきだ。
＊理由を表す節を導く。

Once you begin to read this novel, you can't put it down.
一度この小説を読み始めたら、読むのをやめられないよ。

By the time it rained, the ceremony had finished.
雨が降るまでに、式は終わっていた。

From the time she got a job, she lives by herself.
就職した時から、彼女はひとりで暮らしている。

The first time I went abroad, I couldn't talk to people there.
初めて海外へ行った時、そこの人々に話しかけることができなかった。

The next time I go abroad, I'll try to talk to people there.
今度海外へ行く時は、そこの人々に話しかけるようにしよう。

The last time I went skiing, I broke my leg.
この前スキーに行った時、脚を骨折した。

その他

The [My] point is (that) she told a lie.
要は、彼女がうそをついたということです。

My guess is (that) she told a lie.
私の予想では彼女がうそをついたと思います。

The fact is (that) she told a lie.
実は[事実は]彼女がうそをついたのです。

Another thing is (that) you were responsible for it.
それからもう1つはあなたにその責任があったということです。

The problem is whether you did it or not.
問題はあなたがそれをしたかどうかということです。

The problem is when [how] to go.
問題はいつ[どのようにして]行くのかということです。

2 つなぎ言葉

話の流れに沿って

| speaking of ~ |　「~といえば」　＊関連のある新しい話題を導入する。

Speaking of the new term, what grade is your son (in)?
　　新学期といえば、息子さんは何年生ですか？

| in that case |　「(前述の内容を受けて) もしそうであれば」

I'm not feeling well.　⇒　**In that case,** you'd better see a [the] doctor.
　　気分がよくない。　　　　それだったら医者に診てもらった方がいいよ。

| then |　「それなら、そうすれば、それから」

Then why did you betray her?　それなら、どうして彼女をうらぎったの？
Put on some more clothes, **then** [and] you will feel warm.
　　もっと服を着なさい。そうすれば、暖かくなるでしょう。
You cut the vegetables, (and) **then** put them into the pot.
　　　　通例、複数形　　　野菜を切って、それから鍋に入れなさい。

| ... , so |　「それで、だから、その結果」

A typhoon was approaching, **so** our flight was canceled.
　　台風が近づいていたので、私たちの飛行機は欠航になった。

話に反して [対して]、逆に

| but |　「しかし、けれども、ところが」

He did his best, **but** his team lost the game.
　　彼は全力を尽くしたが、彼のチームは試合に負けてしまった。

| however |　「しかしながら、けれども」　＊対照の感じは but より弱い。

This coat is too expensive.　**However,** the material is excellent.
　　このコートは高すぎる。しかしながら、生地はすばらしい。

| still |　「それでも、それにもかかわらず」

He failed again and again, **still** he didn't give up.
　　彼は何度も何度も失敗したが、それでもあきらめなかった。

| instead |　「それよりも、それどころか」

He never studies.　**Instead,** he plays video games all day.
　　彼は全然勉強しない。それどころか、一日中テレビゲームをしている。

例をあげる

for example / for instance　たとえば、例をあげると

Can you play a musical instrument, **say**, a piano or a violin?
　あなたは楽器が演奏できますか？　たとえばピアノとかバイオリンとか。

They export a lot of fruit, **such as** oranges and lemons.
　彼らはオレンジ、レモン**など**たくさんの果物を輸出する。

I have a lot of housework, **like** cleaning and cooking.
　私はたくさん家事があります。たとえば掃除や料理など。

Shall we have coffee **or something**?　コーヒーか何か飲みませんか。
I put sugar, salt, pepper **and so on**.　砂糖、塩、こしょうなどを入れた。

付け加え

besides　「その上、さらに」　＊also, plus も同様の意味

It was very cold; (and) **besides**, it began to snow.
　とても寒かった。その上、雪が降り出した。

in addition to 〜　「〜に加えて」

In addition to English and French, he can speak Spanish.
　彼は英語とフランス語のみならず、スペイン語も話すことができる。

what's [what is] more　「その上、おまけに」

He's handsome, and **what's more**, he's rich.
　彼はハンサムで、その上金持ちだ。　＊過去の場合は what was more
　＊what's [what is] worse　「その上もっと悪いことには」

other than that　「それ以外に」

Other than that, a guidebook is necessary.
　それ以外にガイドブックが必要です。

He speaks English.　He **also** speaks Spanish.
　彼は英語を話す。スペイン語も話す。
　＝He speaks English, and Spanish **too** [**as well**].
　　＊too は also より口語的で、as well より堅い語
He speaks Spanish **as well as** English.
　彼は英語だけでなくスペイン語も話す。
　＊not only English but also Spanish も同様の意味

Step6　出だしやつなぎをスムーズに

要約・言い換え

in other words　言い換えれば、つまり

in short　要約すると、手短かに言うと

that is (to say)　「すなわち、つまり」
They will be arriving on the eleventh, **that is**, the day after tomorrow.
　彼らは11日に着くでしょう。つまりあさってです。

so to speak　「いわば」
She is, **so to speak**, our idol.　彼女はいわばアイドルのような存在だ。

what is called / what we [you, they] call　「いわゆる」
He is [what's called / what we [you, they] call] a pain in the neck.　彼はいわゆる悩みの種だ。

Which [That] means (that) ...　「ということは…」
That means it's been five years.
　ということは5年たったということですね。

I mean ...　「つまりその、いやその」　＊補足説明、言い誤りの訂正
I don't like him ― **I mean** he is not my type.
　私は彼を好きではありません ― いや、つまり私のタイプじゃないんです。

or　「すなわち、言い換えれば」
botany, **or** the study of plants　植物学、つまり植物の研究

話題を変える

by the way　「(本論から) ちょっと脇道にそれるが、ところで、ときに」
　＊突然の思いつきで話題を変えるときに用いる。
By the way, do you know my sister?　ところで、私の姉を知っているの？

anyway　「いずれにせよ、ともかく」
　＊それていた話をもとに戻して、話の本題に入ることを示す。
Anyway, let's return to the subject.　ともかく、本題に戻りましょう。

so　「[まとめ・話題の転換] [文頭で] それでは、ところで」
So, that's all for today.　では、今日はここまで。
So, what do you do?　ところで、お仕事は何をしているのですか？

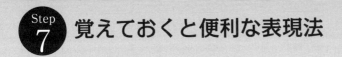
Step 7 覚えておくと便利な表現法

1 受身［受動態］　＊動作を受ける側について述べる。

be 動詞＋過去分詞（＋by＋動作主）

This book was written by Keiko.　この本は恵子によって書かれた。
Is this seat taken?　この席は取られていますか？　→　空いていますか？
This building was built about 100 years ago.
　このビルは約 100 年前に建てられた。
English is spoken all over the world.　英語は世界中で話されている。
He was elected chairman.　彼は議長に選ばれた。

> 動作主が特に重要でない場合、気にしていない場合、わからない場合、わかりきっている場合、漠然とした人々の場合などは **by＋動作主** は省略される。

比べてみよう　＊英語では文末に重要な情報や新しい情報を置く。

My mother gave me this book.　母は私にこの本を与えた。
I was given this book by my mother.　私は母からこの本をもらった。
This book was given *to me* by my mother.
　この本は母から私に与えられた。
　＊「人」が代名詞の場合には to を省略することもある。

（動作主が by 以外の前置詞で表される例）

　＊形は受動態だが、by 〜 のように動作主という意味合いはない。

The room **was filled with** smoke.　部屋は煙でいっぱいだった。
The mountain **is covered with** snow.　山は雪で覆われている。
The story **is known to** everyone.　その話はみんなに知られている。
He **was killed in** a car accident.　彼は自動車事故で亡くなった。

（慣用的に受動態で表される例）

　＊get＋過去分詞 は、動作や変化を表す。

be [get] hurt　けがをする　　be born　生まれる
be [get] married　結婚している［結婚する］
be [get] dressed　服を着ている［着る］
be transferred　転勤になる　　be located　位置する、ある
be satisfied（満足する），be surprised（驚く）など、感情を表す言葉

2 使役

have　「〜させる、〜してもらう」

| have +〈人〉+ 動詞の原形 　/　 have +〈物〉+ 過去分詞 |

I **had** him carry a box.　彼に箱を運んでもらった。
I'm going to **have** my son pick me up.
　息子に迎えに来てもらうつもりです。
I **had** the air-conditioner fixed.　エアコンを修理してもらった。

> have は「相手に対する当然の権利を行使して…させる［してもらう］」、
> get は「説得などを通じて相手に…させる」の意．（ウィズダム）

get　「〜させる、〜してもらう」

| get +〈人〉+ to 不定詞 　/　 get +〈物〉+ 過去分詞 |

I couldn't **get** him to stop smoking.
　彼にタバコをやめさせることはできなかった。
He **got** his wife to wash the car.　彼は妻に車を洗ってもらった。
I **got** my blood checked by a doctor.　医者に血液を検査してもらった。
Get the papers checked.　書類をチェックしてもらいなさい。

make　「〜させる」

| make +〈人〉+ 動詞の原形 |　＊人が主語の場合は通例強制的

She **made** her daughter clean the room.　彼女は娘に部屋を掃除させた。
He **made** us carry the chairs.　彼は私たちにいすを運ばせた。
I was **made** *to* wait for a long time.　私は長い間待たされた。(受動態)
This suit **makes** me look slim.　このスーツは私をほっそり見せる。
　　　　　　　　　　　　　→　このスーツを着るとほっそり見える。

let　「〜させてあげる」

| let +〈人〉+ 動詞の原形 |

My father **let** me drive his new car.
　父は私に彼の新車を運転させてくれた。
Let me go to the party.　パーティーに行かせて。

3 推量

will / would　「～だろう」　＊will はかなり強い確信

You'll be tired after your long walk.
　長い間歩いたので疲れているでしょう。
She **will** [**won't**] be there.　彼女はそこにいるでしょう［いないでしょう］。
That **will** be Tom, I expect.　（戸口に誰か来たので）あれはトムでしょう。
The restaurant **would** be crowded now.
　そのレストランは今混んでいるでしょう。

may / might　「～かもしれない」

It **may** snow tomorrow.　明日、雪が降るかもしれない。
She **may (not)** be *at* home now.　＊《主に米》では at を省略
　彼女は今、家にいるかもしれない（いないかもしれない）。
He **may** *have left* yesterday.　彼は昨日出発したもしれない。　＊過去のこと
She **might** know the truth.　彼女は本当のことを知っているもしれない。

can / could　「～でありうる、～かもしれない」

It **could** [×can] be true.　本当かもしれない。
　＊「～かもしれない」という意味では、can は通例、肯定文では使われない。
It **can't** [**couldn't**] be true.　本当であるはずがない。（ありえない）
The answer **could** [×can] have been right.
　答えは正しかったかもしれない。
She **can't** [**couldn't**] have drunk so much.
　彼女がそんなにたくさん飲んだはずがない。

should　「～のはずだ」　＊強い確信、高い可能性。ought to も同様の意味。

He **should** [**shouldn't**] be in Tokyo.
　彼は東京にいるはずだ［はずがない］。
He **should** have left Japan last week.　彼は先週日本を発ったはずだ。

must　「～にちがいない」　＊強い確信

You look pale. You **must** be sick.　顔色が悪いよ。病気にちがいない。
He **must** have told a lie.　彼はうそをついたにちがいない。

その他

seem / look / appear 「〜のようだ」

The problem **seems** (to be) serious.　その問題は深刻なようだ。
He **seems** to have told a lie. / It **seems** (that) he told a lie.
　彼はうそをついたようだ。
She **looks** (like) a kind [nice] woman.　彼女は親切な女性のようだ。
He **appears** to be sleeping.　彼は眠っているようだ。
It **appears** (that) he knows the truth.　彼は真実を知っているようだ。

> seem は主に主観的判断、appear は主に客観的判断、look は外観［外見］から判断

guess / suppose 「〜だろう、〜だと思う」

I **guess** (that) she told a lie.　彼女はうそをついたのだろう。
I **suppose** you're right.　たぶんあなたの言う通りだと思う。
　＊that は通例省略

> 😊 断定を避ける婉曲な表現としても使われることが多い。

be likely to do 「〜しそうだ」

She **is likely to** pass the exam.　彼女は試験に通りそうだ。

be sure to do 「きっと〜する」

He **is sure to** win the game.　彼はきっと試合に勝つ。
　= I'm sure he will win the game.

probably 「たぶん〜だろう」　＊可能性が高い。

Probably he will come here.　たぶん彼はここへ来るだろう。

perhaps / maybe 「〜かもしれない、〜だろう」

Maybe [**Perhaps**] he will come here.　彼はここへ来るかもしれない。

possibly 「ことによると、ひょっとしたら」　＊可能性・確信度がやや低い。

Possibly he will [He will **possibly**] come here.
　ひょっとしたら彼はここへ来るかもしれない。

apparently 「見たところは〜らしい」

Apparently she is a good cook.　どうやら彼女は料理が上手なようだ。

4 依頼

Can [Will] you ～? / Could [Would] you ～?

Can [Will] you pass me the salt?　塩を渡してもらえる？
　＊親しい相手や家族に気軽な用件を頼む時に使う。
　　Will you ～? は指示や命令に近い意味合いになることがある。

Could [Would] you (*please, possibly*) move your car?　（丁寧な言い方）
あなたの車を動かしていただけませんか。
　＊please や possibly を加えるとさらに丁寧になる。

mind を使って　　＊相手の意志を尊重する表現

Do you **mind** carrying this box?　この箱を運んでもらえませんか。
Would you **mind** calling him?　（丁寧な言い方）
彼に電話していただけませんか。
　(注) Could you mind ～? や Will you mind ～? は使えない。

wonder を使って　　＊ソフトな表現になる。

I wonder [I'm wondering] if you would [could] carry this baggage.
この荷物を運んでいただけるでしょうか。

I was wondering if you could give me a hand.　（より丁寧）
ちょっと手伝っていただけないでしょうか。

I wonder if ... , I'm wondering if ... , I wondered if ... ,
I was wondering if ... の順に控え目な気持ちが増す。

命令文＋please / please＋命令文 / 命令文＋will you?

Pass me the salt, **please**.　塩を渡してください。
Give me a hand, **will you**?　手を貸してくれる？　手伝ってもらえる？

その他

Can [May, Could] I have apple juice, please?
リンゴジュースをいただけますか。→ リンゴジュースをください。

I want you to call me in advance.　（命令的なニュアンス）
前もって私に電話してください。

I would like you to check my papers.　（丁寧な言い方）
書類をチェックしてもらいたいのですが。

5 許可を求める

Can [May / Could] I 〜?

Can I take pictures here?　ここで写真を撮ってもいいですか。
May I leave early today?　今日は早退してもよろしいですか。
　＊May I 〜？は目上の人に対して言うときや、改まった場面で使われる。
Could I (*possibly*) use your car?　（丁寧な言い方）
　あなたの車を使ってもよろしいでしょうか。
　＊possibly を加えるとさらに丁寧になる。

　相手が内容をわかっている場合は、May I?「いいですか」だけでも通じる。

OK [all right / possible] を使って

Is it **OK [all right]** ┌ to take pictures here?
　　　　　　　　　　　└ if I take [×took] pictures here?
　ここで写真を撮ってもいいですか。
Would it be **all right** if I took pictures here?　（丁寧な言い方）
　ここで写真を撮ってもよろしいでしょうか。
Is it **possible** (for me) to use your computer?
　あなたのパソコンを使用するのは可能でしょうか。→ 使っていいですか。
　＊Would it be possible 〜？ とすると丁寧な言い方になる。

mind を使って　＊mind「いやだと思う」

Do you **mind** if I smoke here?　ここでタバコを吸ってもいいですか。
Would you **mind** if I smoked here?　（丁寧な言い方）
　ここでタバコを吸ってもよろしいでしょうか。
Do you **mind** my dog being here with me?
　私の犬 が私とここにいてもいいですか。

　相手が内容をわかっている場合は、Would you mind?「構いませんか」

allow を使って　＊allow「許す」

Are we **allowed** to swim at this beach?
　この海岸で泳いでもいいでしょうか。

6 勧誘・提案・申し出

(1) 勧誘・提案

Let's ～　「～しましょう」

Let's go for a walk.　散歩に行きましょう。
Let's get together, *shall we*?　集まらない？
　＊shall we? で相手の意向をたずねる。

Shall we ～?　「(一緒に) ～しましょうか?」

Shall we have some coffee?　コーヒーでも飲みましょうか。
　＊Would you like [Do you want / How about] some coffee?
　　Let's have some coffee. などの方がカジュアル

「入ろうか?」「行こうか?」という意味で、"Shall we?" とだけ言うことがある。

Why don't we ～?　「～しませんか?」

Why don't we go on a picnic (together)?　ピクニックに行きませんか。
　＊together がなくても「一緒に」の意味が含まれる。
Why don't we go to the movies?　映画に行きませんか。

Why don't you ～?　「～したらどうですか?」

Why don't you have lunch (together)?
(一緒に) 昼食を食べたらどうですか。
　＊together がないと一緒に食べることにはならない。
Why don't you take a taxi?　タクシーに乗ったらどうですか。

Do you want to ～? / Would you like to ～?　「～しませんか?」

Do you want to go out for a drink?　(親しい人に)
一杯飲みに行かないか。
Would you like to come with me?　(丁寧な言い方)
一緒に行きませんか。
　＊相手の意向をたずねたり勧めたりする。

Would you like ～?　「～はいかがですか?」

Would you like a cold drink?　冷たい飲み物はいかがですか。

How [What] about ～?　「～はどうですか？」

How about another cup of coffee?
　コーヒーをもう1杯いかがですか。(勧誘)
How about going for a drive?　ドライブに行きませんか。
How about tomorrow?　明日はどうでしょうか。(提案)
　＊When shall we meet?「いつ会いましょうか？」の問いに対して

その他

Won't you [Will you] join us?　ご一緒しませんか。
Stay for dinner, **will [won't] you**?
　夕食を一緒に食べていったらどうですか。
You **should [must]** come and see me.　ぜひ遊びに来てね。
What do you say ⎡**to** eat**ing** out⎤ this evening?　今晩は外食にしませんか。
　　　　　　　　⎣we eat out　　⎦
　＊「～はいかがですか？」という意味で相手の意向をたずねる。
You **might as well** take a taxi to the station.
　駅までタクシーに乗ったらどうですか。(控えめな提案)

(2) 申し出

相手の意向をたずねる　「～しましょうか」

Shall I call you again?　もう一度電話しましょうか。
　＊日常会話で親しい人に言う時は、Can I ～? Do you want me to ～?
　　Would you like me to ～?(丁寧)を使うことも多い。
Can I carry your baggage?　あなたの荷物を運びましょうか。
Do you want me to call her?　私が彼女に電話しようか。(友達同士など)
Would you like me to call her?　(丁寧な言い方)
　私が彼女に電話しましょうか。
Do you need help [a hand] (with your baggage)?
　(荷物を運ぶのを)手伝いましょうか。

自分の意志を伝える　「～いたしましょう」

Let me show you around.　あちこちご案内しましょう。
I can [will] lend you some money.　いくらかお金をお貸ししましょう。
　＊can は可能、will は意志

7 助言・忠告、義務・必要

must 「～しなければならない」
＊話し手がそうする必要があると思っている時に使う。(主観的判断)

You **must** leave now.　今、出発しなさい [しなければならない]。

have to 「～しなければならない」
＊規則やまわりの状況からそうする必要がある時に使うことが多い。

You **have to** finish it today.　あなたは今日それを終えなくてはならない。

need to 「～する必要がある」　＊話し手が必要性を感じている。

You **need to** fill out this form.　この用紙に記入する必要がある。

> 「～する必要がない」は、need not [don't need to] か don't have to
> ＊否定文、疑問文では need を助動詞として使うことがある。

should 「～すべきである、～した方がよい」

You **should** eat more regularly.
　きちんと食事をした方がいいよ [するべきだ]。

You **shouldn't** give up too easily.　そう簡単にあきらめない方がいいよ。
You **shouldn't** have bought it.　それを買うべきではなかったね。
　＊過去の行為に対する非難や後悔

> should とほぼ同じ意味で ought to を使うこともある。
> 否定形は ought not to ～

had better 「～する方がよい、～しなさい」
＊you が主語の場合は、命令・強制に近い言い方。緊急の場合などによく使う。
　通例目下の人に対して使われる。

You **had better** go and see a doctor.　医者に診てもらう方がいいよ。
You'**d better** not trust him.　彼を信用しない方がいいよ。

> 一般に should ≦ ought to ＜ had better ＜ be to ＜ have to ＜ need to
> ＜ must の順に強制力が強くなる．

> ソフトな注意・忠告

I **think** you'd better go now.　もう行った方がいいと思うよ。
I **suggest** you take the train.　電車で行くのがいいですね。
I **advise** you to stop smoking immediately.
　　すぐ禁煙するのがいいですよ。
Perhaps [**Maybe**] you'd better reconfirm your reservation.
　　たぶん予約を再確認した方がいいですよ。
It **might** be better (for you) to attend the meeting.
　　(あなたが) その会議に出席した方がいいかもしれません。
It **would** be better (not) to cancel it.　中止した (しない) 方がいいですよ。
Would you please not smoke here?　＊依頼の形でソフトに注意
　　ここでタバコを吸わないでいただけますか。

> 注意・命令・禁止

(You) be quiet.　静かにしなさい。
　　＊命令形で相手に強く言う場合、主語の you を省略しないことがある。
Be kind to everyone.　みんなに親切にしなさい。
(Please) be careful of those steps.　階段に気をつけて (ください)。
Be careful not to break the vase.
　　花びんをこわさないように気をつけて。
(Please) **don't** push me.　押さないで (ください)。
(Please) **stop** smoking here.　ここでタバコを吸わないで (ください)。
You **must not** [**mustn't**] enter this room.　＊mustn't [mʌ́snt]
　　この部屋には入ってはいけません。(強い禁止)
Stop it. / Don't do that.　やめて。
Parking **is banned** [**prohibited**] here.　ここでは駐車は禁止されています。
It's **against** the law.　法律に違反します。
You **are not allowed to** take pictures here.
　　ここで写真を撮ることは許されていません。
You're **not supposed to** smoke in this room.
　　この部屋では喫煙できないことになっています。
Please **refrain from** chatting.
　　談笑するのをお控えください。　＊フォーマルな言い方

8 条件・譲歩

(1) 条件 （起こりうる仮定、事実かどうかわからない場合の仮定）

if / in case 「もし〜ならば」

If it *rains* tomorrow, I'll stay (《主に英》at) home.
　もし明日雨なら、家にいるよ。
　＊条件を表す副詞節では、未来のことでも現在形

If it doesn't rain tomorrow, I'll go on a picnic.
　明日雨が降らなければ、ピクニックに行くよ。

If they started yesterday, they will get here today.
　彼らがもし昨日出発していたら、今日ここに着くでしょう。
　＊出発していたかどうかわからない場合

In case I'm late, don't wait to start.
　私が遅れた場合は、待たずに出発してください。

> **(in case のもう一つの意味)** 「〜だといけないから、〜の場合に備えて」
> You must take your umbrella **in case** it rains [*should* rain].
> 　雨になるといけないから傘を持って行きなさい。
> 　＊should は「万が一」というニュアンス

（こんな言い方も）

What if it rains?　雨が降ったらどうするの？
if possible　できれば　　if any　もしあるとしても、もしあれば
just in case　念のため　＊通例文末で

No one can swim **when** they haven't learned how.
　泳ぎ方を習っていなければ誰も泳げない。
　＊if を用いるより確実性が強い。

unless 「〜でない限り、〜しない限り」　＊例外の条件

Don't open this door **unless** it's an emergency.
　緊急でない限りこのドアを開けてはいけない。

as long as 〜 「〜さえすれば」

You can borrow books **as long as** you return them within two weeks.
　2週間以内に返しさえすれば、本を借りることができる。（条件）

(2) 譲歩

-ever / no matter　　「たとえ～でも [ても]」　　＊no matter の方が口語的

Whoever [No matter who] calls me, I won't answer the phone.
　誰が電話をかけてきても、私は電話にでません。
Whatever [No matter what] you tell me, I'll ignore it.
　あなたが私に何を言っても、私は無視します。
The doctor comes quickly **whenever [no matter when]** you get sick.
　たとえいつ病気になっても、その医者はすぐに来てくれる。
Wherever [No matter where] you go, I'll come with you.
　あなたがどこへ行こうと、私は一緒に行きます。
However [No matter how] busy you are, you must finish your work.
　どんなに忙しくても、あなたの仕事をすませなければなりません。

though [although]　　「(～である) けれども、～にもかかわらず」

He went to work, **though** he had a fever.
　彼は熱があったが、仕事に行った。

even though　　「たとえ～ではあっても、～ではあるが」

You should help him, **even though** it's dangerous.
　危険だけれども、彼を助けるべきだ。
　＊even though は仮定ではない。even though の後は事実がくる。

even if　　「たとえ～でも [だとしても]」

　＊事実かどうかわからない内容。仮定の意味が含まれる。

You should help him, **even if** it's dangerous.
　たとえ危険でも、彼を助けるべきだ。
Even if you take a shortcut, you will miss your [the] train.
　たとえ近道をしても、電車に乗り遅れるでしょう。

whether A or B　　「A であろうと B であろうと」

Whether I win **or** lose, I'll do my best.
　勝っても負けても全力を尽くします。
Whether he is rich **or** not, I love him.
　彼が金持ちであろうとあるまいと、私は彼を愛しています。

9 仮定 （事実と異なることや可能性がきわめて低いことの仮定）

if 「もし〜ならば」

現在「もし〜なら」 →	現在「〜だろう」
過去形	would [could, might] + 動詞の原形

If I **were [was]** a bit richer, I **could buy** a new house.
　もう少し裕福だったら、新しい家が買えるだろうに。
　＊仮定法過去ではwereを使うが、口語ではwasを使うこともある。

If I **were** in the same situation, I **would ask** someone for advice.
　もし私が同じ状況だったら、誰かにアドバイスを求めるだろう。

（ほとんど起こりそうもないと思うことも同様の形で表すことができる）
If I **won** the lottery, I **would** travel around the world.
　もし宝くじが当たったら、世界中を旅行するんだけど。

過去「もし〜だったら」 →	過去「〜だっただろう」
had + 過去分詞	would [could, might] + have + 過去分詞

If I **had left** home a little earlier, I **would [could] have caught** the train.
　もう少し早く家を出ていたら、その電車に乗れただろうに。
　＊過去の行動を悔やむ。

If I **hadn't taken** his advice, I **would have made** a serious mistake.
　もし彼の助言に従っていなかったら、重大な失敗をしていただろう。

過去「もし〜だったら」 →	現在「〜だろう」
had + 過去分詞	would [could, might] + 動詞の原形

If you **had called** in advance, I **would be** at home today.
　もし前もって電話してくれていたら、今日は家にいるのに。

If I **had not spent** so much money, I **would buy** this sweater.
　もしそんなにお金を使っていなかったら、このセーターを買うのに。

Step7　覚えておくと便利な表現法

（未来のことについての仮定）　＊話し手が可能性がなさそうだと思う場合
「仮に［もし万が一］～ならば、もし～するとしたら」

were to　＊実現可能なことから実現不可能なことまでを表す。

If I **were [was] to** live in a foreign country, I **would** miss Japanese food.
　もし私が外国で住むとしたら、日本食が恋しくなるでしょう。

should　＊可能性は低いが全く実現不可能なことを仮定する表現ではない。

If my son **should** run a company, I **would** support him.
　もし息子が会社を経営することになれば、私は彼を援助するでしょう。
　＊if節が仮定ではなく条件の場合は、主節は will を用いる。

　一般的に if ～ were to ... のほうが if ～ should ... よりも起こる
　可能性が低く、話し手が「起こるはずがない」と考えていれば
　if ～ were to ... を選ぶ傾向があります。　　　（表現英文法）

I wish　「～だったらなあ」　＊実現できない願望

I wish I had a car.　車を持っていたらなあ。　＊今のこと
I wish I had studied much harder.　＊過去のこと
　もっと一生懸命勉強しておけばよかったなあ。（今、思っている）
I wished I *had studied* much harder.　＊仮定法では時制の一致は不必要
　もっと一生懸命勉強しておけばよかったなあと思った。（過去に思った）
I wish he *would* work harder.　彼がもっと一生懸命働いてくれたらなあ。
　＊未来において実現の可能性が低い（と話し手が思っている）ことを願望する表現

as if / as though　「まるで～のように」

＊話し手が事実とは違うと思っていることを述べる場合
My mother treats me **as if** I *were* a child.
　母は私をまるで子供のように扱う。
She talked **as if** she *had seen* everything.
　彼女はまるですべてを見たかのように話した。

（話し手が事実だと思っていることを述べる場合は、仮定法は使わない）
　She looks as if she is ill.　彼女は病気のように見える。

Step7　覚えておくと便利な表現法

If only　「~でありさえすれば」　＊残念な気持ちを表す。

If only I *could* speak English!　英語が話せさえすればなあ。
If only I *had set* the alarm last night!
　昨夜、目覚まし時計をセットしてさえいたらなあ。
If only she *would* say yes!
　彼女がうんと言ってくれたらなあ。　＊未来のこと

仮定を表すいろいろな表現

~であれば、~があれば

A good doctor would give me better treatment.
　よい医者ならば、もっといい治療をしてくれるだろうに。
Two weeks ago, I would have joined the camping trip.
　2週間前であれば、キャンプ旅行に参加しただろうに。
To see him dance, you would take him for a professional dancer.
　彼が踊るのを見れば、彼をプロのダンサーだと思うだろう。　＊Seeingも可
In her place, I wouldn't have met him.
　私が彼女の立場なら、彼に会わなかっただろう。
With more time, I could have prepared for the test.
　もっと時間があれば、テストの準備ができたのに。

~がなければ

I would have got [gotten] lost **without** this map.　＊文頭でも可
　この地図がなければ、道に迷っていただろう。
If it were not for the sun, there would be no living things on the earth.
　太陽がなければ、地球に生物は存在しないだろう。
If it had not been for your advice, I would have failed.　＊過去の仮定
　あなたの助言がなかったら、私は失敗していただろう。
But for strong will, you could not succeed in anything.
　強い意志がなかったら、何事にも成功しないだろう。
　　＊but for は without より強く、改まった堅い印象。without は日常生活で使う。

I left home a little earlier ; **otherwise** I would have missed the train.
　私は少し早めに家を出た。そうでなければその電車に遅れていただろう。

10 原因・理由、目的

(1) 原因・理由

because

He broke his leg **because** he fell down the stairs.
彼は階段から落ちて脚を骨折した。

since ＊聞き手がすでに知っている原因・理由を述べる場合によく使われる。

Since he is absent, you have to take his place.
彼が欠席しているので、あなたが彼の代わりをしなくてはならない。

as

> since, as は、すでにわかっている情報を表すので、文頭で用いられることが多い。

As it was getting dark, I went home. 暗くなってきたので家に帰った。

to 不定詞

I'm glad **to see** you. お会いできてうれしいです。 ＊感情の原因を表す。
She must be selfish **to say** so. ＊判断の根拠を表す。
そんなことを言うとは彼女はわがままにちがいない。

that 節

|感情を表す形容詞 + that 節| ＊that 節は感情の原因・理由を表す。

I'm glad (**that**) my son passed the exam. ＊that は省略されることが多い。
息子が試験に合格してうれしい。

|so 〜 + that 節 / such 〜 + that 節| 「非常に〜なので…」 ＊原因と結果

I was **so** tired **that** I couldn't call her.
私はとても疲れていたので、彼女に電話できなかった。
It was **such** a good novel **that** I read it three times.
とてもよい小説だったので、私は3回もそれを読んだ。

|…, so (that) …|

＊so の前にコンマを置く。口語では that は省略されることが多い。

I got the flu, **so** (**that**) I couldn't go on a trip.
私はインフルエンザにかかったので、旅行に行けなかった。

その他 （原因・理由を表す表現）

The game was canceled **because of** heavy rain.
　大雨のため試合は中止された。
　　＊due to も同様の意味（because of より堅い表現）

Thanks to the pension, he can live by himself.
　年金のおかげで彼は自力で生活できる。

(2) 目的

to 不定詞

I got up early **to catch** the train.　電車に間に合うように早く起きた。
I opened the window **so as to let** the fresh air in.
　新鮮な空気を入れるために窓を開けた。
　　＊「目的」を表すことをはっきりさせるために so as to や in order to を使う。

In order to pass the exam, I think you should study harder.
　試験に合格するためには、あなたはもっと勉強した方がよいと思う。
　　(注) so as to は、普通文頭では使わない。

Be careful **not to break** the glass.
　コップを割らないように気をつけなさい。

> 目的を表す「～しないように」は、be careful や take care に続く場合以外は普通 in order not to do, so as not to do で表す。

I ran fast **so as not to be** late.　私は遅れないように速く走った。
He left early **in order not to be** late.　彼は遅れないように早く出発した。

so that ...

　＊目的を表す場合は、so that の前にコンマを置かない。口語では that が省略
　　されることがある。

Speak slowly **so that** they'll [they can] understand you.
　彼らにわかるようにもっとゆっくり話しなさい。
Write down the schedule **so that** you don't [won't] forget it.
　忘れないように予定を書き留めておきなさい。
He left early **so that** he wouldn't be late.
　彼は遅れないように早く出発した。
　　＊in order not to be late, so as not to be late と同様の意味

11 比較

原級を使って

○○と同じくらい〜

She is **as** tall **as** *me*.　彼女は私と同じくらいの背の高さです。
　　＊本来は I am だが、口語では目的格を使うことが多い。

She is **as** famous *an actress* **as** her mother.　＊名詞の位置に注意
　　彼女は母親と同じくらい有名な女優です。

I have **as** *many books* **as** you.　私はあなたと同じくらい本を持っている。
　　＊many と books は切り離せない。　×I have books as many as you.

She drank **as** much beer **as** me.　彼女は私と同じくらいビールを飲んだ。

Ann is **as** popular with men ***as*** Hanako.　＊as の後ろは比較の対象のみ
　　アンは花子と同じくらい男性に人気がある。

○○ほど〜でない　＊not as 〜 as の方が口語的

He is **not as** [**so**] tall **as** her.　彼は彼女ほど背が高くない。

I can't speak English **as** well **as** her.
　　私は彼女ほどうまく英語が話せない。

It isn't **as** hot today **as** (it was) yesterday.　今日は昨日ほど暑くない。

She is **not as** beautiful **as** when she was young.
　　彼女は若い時ほど美しくない。

(比較するものとの割合を表す)

That fish is **twice** as big as this one.
　　あの魚はこれの2倍の大きさです。　＊3倍は three times
　＝ That fish is **twice** the size of this one.

This hotel has **twice** as many rooms as that one.
　　このホテルはあのホテルの2倍の部屋がある。

This rope is **half** as long as that one.
　　このロープはあれの半分の長さです。
　＝ This rope is **half** the length of that one.

My dog is **one-third** [**a third**] as big as yours.
　　分母は序数　　私の犬はあなたの犬の3分の1の大きさです。
　　＊分子が複数の場合、分母の序数は複数形　two-thirds「3分の2」

比較級を使って

○○より～

He is **older than** me.　彼は私より年上です。
My dog is **bigger than** Susan's.　私の犬はスーザンの犬より大きい。
I know her **better than** you *do*.
　あなたよりも私の方が彼女のことをよく知っている。
　＊この場合は you が主語であることをはっきりさせるために do を省略しない方がよい。
I'm **busier** in the afternoon **than** *in the morning*.
　私は午前中より午後の方が忙しい。　＊than の後ろは比べているものがくる。
He looks **younger than** he used to.　彼は以前より若く見える。
Tom studies **harder than** (he did) when he was young.
　トムは若い頃よりよく勉強する。
Prices are **higher than** (they were) in the past.　物価は昔より高い。
Hanako is the **more popular** of *the two girls*.
　　　　　　　↳2者のどちらかに限定されるため the がつく。
　２人の女の子のうち、花子はより人気がある。
He has **more** pencils **than** me.　彼は私よりたくさんの鉛筆を持っている。

○○ほど～でない

This ring is **less** expensive **than** that one.
　この指輪はあの指輪ほど高価ではない。
　＊This ring is **not as** expensive **as** that one. で表すことが多い。

(違いの程度を表す)

My sister is **three years** older than me.　姉は私より３歳年上です。
　＊通例この表現を使う。
　＝My sister is older than me **by three years**.
This room is **much [a lot, far]** bigger than mine.
　この部屋は私の部屋よりずっと大きい。
I am **a little [a bit]** shorter than her.　私は彼女より少しだけ背が低い。
She has **many more** hats than me.
　彼女は私よりずっとたくさんの帽子を持っています。
　＊many more＋複数名詞、much more＋数えられない名詞

Step7 覚えておくと便利な表現法

最上級を使って

一番 〜、最も 〜

Tom is the **tallest** of us all.　トムは私たちみんなのうちで一番背が高い。
This is the **most interesting** book (that) I have ever read.
　これは私が今までに読んだ中で最もおもしろい本です。
　＊one of the most interesting books「最もおもしろい本の1つ」
He arrived (the) **earliest**.　彼が最も早く着いた。
　＊副詞の最上級では原則として the をつけないが、実際にはつけることも多い。
Which season do you like (the) **best [most]**?
　どの季節が一番好きですか？
Hanako studies (the) **hardest** in this class.
　花子はこのクラスで一番一生懸命勉強します。
This river is **deepest** here.　この川はここが一番深い。
　＊同一のものや人の性質・状態について比較する場合は通常 the をつけない。
I feel **happiest** when I'm having dinner.
　私は食事をしている時が一番幸せです。

最も 〜 でない

This is the **least popular** CD in the store.
　これは店で最も人気がない CD です。

（最上級の程度を表す）

This diamond is **by far [much]** the most expensive of all.
　このダイヤはすべての中で最も値段が高い。
　＊最上級の意味を強調、程度の差を強調「はるかに、ずっと、断然」
This is the **very** best wine.　これはまさしく最良のワインだ。
This is the **second** largest house in my town.
　　　　　　└序数　これは私の町で2番目に大きな家です。

（比較級を使って「最も 〜、一番 〜」を表す）

Tom is **taller than any other** classmate.　トムは他のどの級友より背が高い。
No other classmate is **taller than** Tom.
　他のどの級友もトムより背が高くない。

比較の語句を使った表現

as ～ as

as many as ten books　10冊もの本
as much as ten million yen　1000万円も
as long as I am alive　私が生きている間は（while）、私が生きている限り
　＊時間の限度と条件を表す。

Please come home as *early* as possible [you can].
　できるだけ早く帰宅してください。　＊予定・定刻などより早く

as *soon* as possible　（大）至急、なるべく早く　略　ASAP
　＊ぐずぐずせずに、急いで

比較級＋and＋比較級　「ますます～」

My father is getting **more and more** difficult.
　父はますます気難しくなってきている。

the＋比較級　～, the＋比較級 …　「～すればするほど…」

The more you practice, **the better** your English will be.
　練習すればするほどあなたの英語はよくなるでしょう。

The more books you read, **the more** knowledge you'll get.
　本を読めば読むほどたくさんの知識を得られるでしょう。

not so much B as A / more A than B　「BというよりむしろA」

　＊A rather than B, rather A than B もほぼ同じ意味

He is **not so much** a singer **as** an actor.
　＝He is **more** an actor **than** a singer.
　　　彼は歌手というよりむしろ俳優だ。

She is **more** childish **than** selfish.　彼女は利己的というより子供っぽい。

---

at (the) most　いくら多くても、せいぜい　　at (the) least　少なくとも
at (the) best　いくらよくても、せいぜい　　at (the) worst　悪くても
no more than five people　5人しか
no less than 1000 people　1000人も
more or less　多かれ少なかれ　　　　sooner or later　遅かれ早かれ

12 否定

not

Not me.　私ではない。
Not on Sunday.　日曜日はだめです。
Not any more.　もう（それ以上）いいです。　　Not yet.　まだです。
He speaks English, not Japanese.　彼は英語を話すが、日本語は話さない。
I do**n't** smoke or drink.　私はタバコも酒もやらない。
He told me **not** to be late.　彼は私に遅刻しないように言った。
I'm **not** busy.　私は忙しくない。
I did**n't** go to the party.　私はパーティーに行かなかった。
It's **not** *that I don't like urban life*.　＊（二重否定）積極的な肯定ではない。
　都会暮らしが好きでないというわけではない。
I ca**n't** come [go] with you. It's not *because I'm busy*.
　あなたと一緒に行けません。**忙しいから**ではありません。
I do**n't** think it's useful.
　それは役に立つと思わない。／ それは役に立たないと思う。
　＊think を使って否定の意味を表す時は、I think ＋ 否定文ではなく、
　　I don't think ... の形を使うことが多い。
I do**n't** *really like him*.　彼を**すごく好き**ではない　→　それほど好きではない。
　＊「すごく好き」を否定
I really do**n't** *like him*.　本当に**彼を好き**ではない。　　＊「好き」を否定

(not を使った構文)

not A but B　「AではなくB」

I did**n't** go out, **but** stayed (《英》at) home.　私は外出せずに家にいた。
(It's) **not** *that* I don't like meat, **but** *that* I'm a vegetarian.
　私は肉が嫌いなのではなく、菜食主義者なのです。
　　＊that は省略できない。

not only A but (also) B　「AだけでなくBも」

　＊Bの方に力点が置かれる。
He is **not only** an actor **but (also)** a singer.
　彼は俳優であるだけでなく、歌手でもある。

never　＊強い否定

I've **never** been to India.　私は一度もインドへ行ったことがない。
He promised **never** to tell a lie.　彼は決してうそはつかないと約束した。
Never break your promises!　決して約束を破るな。
I'll **never** be late again.　二度と遅刻しません。

no　（nobody, nothing, none を含む）

He has **no** car [**no** friends].　彼は車を持っていない［友達がいない］。
　＊複数の所有が普通の場合は複数形、1つが普通の場合は単数形を使う。

No tourists are allowed to enter this building.
　観光客は誰もこの建物に入ることを許されない。
Nobody came.　誰も来なかった。
No one knows when she will come back.
　彼女がいつ戻ってくるか誰も知らない。
　　＊口語では nobody の方が no one より普通。no one, nobody は単数扱い。
There is **nothing** in the fridge [refrigerator].　冷蔵庫には何もなかった。
None of the boxes *are [is]* empty.　箱はどれも空でない。
　＊本来は単数扱いであるが、of 句の複数名詞に引かれて複数扱いされることが多い。
None of the food has gone bad.　食物はどれも腐っていなかった。
I like **none** of his novels.　私は彼の小説のどれも好きではない。
　＝ I don't like any of his novels.
None of my friends have [has] come yet.　友達の誰もまだ来ていない。
　＊of 句が続く場合 none を no one, nobody で置き換えられない。

（こんな言い方も）

He is **no** genius.　彼は決して天才なんかではない。
That's **no** easy job.　それは決して簡単な仕事ではない。(難しい仕事だ)
No news is good news.　《ことわざ》便りがないのはよい便り。

| No problem. | 問題ないですよ | No sweat! | お安いご用 |
| No worries. | 心配無用 | No matter! | たいしたことはないよ |

その他

few / little 「ほとんど～ない」

＊few ＋ 数えられる名詞の複数形、little ＋ 数えられない名詞

He has **few** friends and **little** money.
彼は友達もお金もほとんど持っていない。

no longer 「もはや～ない」

I can **no longer** wait. もうこれ以上待てない。
　＝ I can't wait any longer.

hardly / scarcely 「ほとんど～ない」 ＊程度を表す。

I can **hardly** see it. ほとんどそれが見えない。
　＊日常会話では hardly が普通。scarcely は堅い表現。

rarely / seldom / hardly [scarcely] ever 「めったに～ない」 ＊頻度を表す。

I **rarely [seldom]** go to the movies. ＝ I **hardly ever** go to the movies.
　私はめったに映画に行かない。　＊seldom は堅い表現

> He is [would be] **the last man** to break his promise [word].
> 彼は決して約束を破らないでしょう。

部分否定 ＊〈not ＋ 全体〉は部分的な否定を表す。 **(注)** 必ず not が先にくる。

not ～ all [every] 「すべて～というわけではない」

＊いくつか [何人か] は～である。

I **haven't** bought **all** of his CDs. 彼の CD のすべてを買ったのではない。
Not everyone [everybody] came. みんなが来たというわけではない。

not ～ both 「両方とも～というわけではない」 ＊一方は～である。

I **don't** like **both** (of) the dogs. どちらの犬も好きというわけではない。

not always 「いつも～とは限らない」

It's **not always** easy. いつも簡単なわけではない。

not necessarily 「必ずしも～とは限らない」

Rich people are **not necessarily** happy.
　金持ちが必ずしも幸福とは限らない。

13 さまざまな構文

to 不定詞を使って

feel free to do 「遠慮なく~する」
Feel free to come anytime.　いつでも気軽に来てください。

hesitate to do 「~するのをためらう」
Please don't **hesitate to ask** me anything.　何でも遠慮なく聞いてください。

be sure to do 「必ず~する」
Be sure to lock the door.　必ず戸締りしなさい。
He **is sure to succeed**.　彼はきっと成功する。
　＝I'm sure he will succeed.

turn out (to be) ~ 「~だとわかる」
The trouble **turned out to be** more serious.
　問題はより深刻なものとわかった。

tend to do 「~する傾向がある」
I **tend to forget** people's names.　私は人の名前を忘れがちです。

bother to do （通例、否定文で）「わざわざ~する」
Don't **bother to call** me.　わざわざ電話しないでね。

happen to do 「たまたま（偶然）~する」
I **happened to meet** him.　私は偶然彼に会った。　＊会話体
　＝It happened that I met him.

be about to do 「（まさに）~しようとしている、~するところである」
I'm just **about to go** out.　私はちょうど外出しようとしていたところだ。

too ... to do 「~するには…すぎる」
This book is **too difficult** for me **to read**.
　この本は私が読むには難しすぎる。→ 私には難しすぎて読めない。

... enough to do 「~するのに十分…だ」
He is rich **enough to buy** a villa.　彼は別荘を買えるほど金持ちだ。

117

～ing を使って

can't help doing　「～せずにはいられない」
I **can't help laughing**.　笑わずにはいられない。

take one's time doing　「ゆっくり時間をかけて～する」
Take your time reading the book.　ゆっくりその本を読んでね。

worth doing　「～する価値がある」
This book is (well) **worth reading**.　この本は読む価値が（十分）ある。
His speech is **worth listening** to.　彼の演説は聞く価値がある。

look forward to doing　「～するのを楽しみに待つ」
I'm **looking forward to traveling** abroad.
　海外旅行を楽しみにしている。

get used to doing　「～するのに慣れる」
You'll soon **get used to living** here.　すぐここの生活に慣れるでしょう。
　＊「慣れている」状態は be used to doing

feel like doing　「～したい気がする」
I **feel like going** for a walk.　私は散歩したい気分だ。
I don't **feel like studying** today.　今日は勉強する気がしない。

be busy doing　「～で忙しい」
I'm **busy preparing** for the trip.　私は旅行の準備で忙しい。

end up doing　「ついには～することになる」
We **ended up canceling** the party.
　結局パーティーを中止することになった。

have trouble [difficulty] doing　「～するのに苦労する」
I **had** some **trouble finding** her house.
　私は彼女の家を見つけるのに幾分手間どった。
I **had** a lot of [a little, some] **difficulty losing** weight.
　体重を落とすのにすごく [少し，幾分] 苦労した。

その他

cannot ... too ...　「いくら…しても…しすぎではない」

I **can't** thank him **too** much.　どんなに彼に感謝してもしきれない。
You **can't** be **too** careful when you drive a car.
　車を運転する時はいくら注意してもしすぎることはない。

when it comes to 〜　「〜のことなら」

Trust me **when it comes to** wine.　ワインのことなら私に任せてよ。

hurry up and do　「急いで〜する」

Hurry up and get dressed.　急いで服を着なさい。
　＊I **hurried** to the station.　私は駅へ急いだ [急いで行った]。

try and do　「〜するようにして」

Try and come early.　早く来るようにして。
　＊try to do は改まった言い方、try and do は口語体

would rather 〜 than ...　「…よりむしろ〜したい」

I **would rather** go **than** stay here.　ここに残っているより行きたい。

prefer A to B　「B より A が好きである」

I **prefer** wine **to** beer.　ビールよりワインが好きだ。

do nothing but 〜　「〜してばかりいる」

He **does nothing but** watch TV.　彼はテレビを見てばかりいる。

:::
難しい言い回しを簡単で同じ意味の表現にする。
:::

〜もあれば … もある　→　あるものは 〜 他のものは …

Some students came by bicycle and **others** (came) on foot.
　自転車で来た学生もいれば、徒歩の学生もいた。

時には（〜なことがある）　→　時々（〜である）

A dog is **sometimes** a dangerous animal.　犬は時には危険な動物である。

Step 8 英文の骨組みをマスターしよう

1 主語

> 英文は基本的に、最初に主語＋動詞、その後に修飾語が続くという形である。日本語では主語を省略することも多いので、英語で表現する時には、常に主語を意識する必要がある。

(1) there が主語 （形式上）

(初めて話題に出てくる物や人の存在を表す)

| there ＋ be 動詞 ＋〈主語になる物や人〉|

＊be 動詞の形は〈主語になる物や人〉に対応する。

There's a baby in the car.　車に赤ちゃんがいる。
There are some benches in the park.　公園にいくつかベンチがあるよ。
There were some people on the bus.　バスには何人かが乗っていた。
There's a big problem.　大きな問題がある。
　＊**I have** a problem with my health.　私は健康に問題がある。
There's a smoking room in this restaurant.
　このレストランには喫煙室がある。
　＊This restaurant has a smoking room.　でもよい。（付属物の場合）

（こんな言い方も）

There will **be** a new hospital here.　ここに新しい病院ができる。
There must **be** a good chance.　よい機会があるにちがいない。
There might **be** an accident.　事故が起こるかもしれません。
There's going to **be** a storm.　嵐になりそうだ。
There's going to **be** a festival next Sunday.
　次の日曜日に祭りがあります。

(相手がすでに知っている物や人、話の流れから特定できる物や人の場合)

| 主語＋be 動詞 |

My camera is on the desk.　私のカメラは机の上にある。
The cat is in the kitchen.　その猫は台所にいる。
　(注) 特定のものが主語になる場合は、通例〈there＋ be 動詞〉の構文を使わない。

Step8 英文の骨組みをマスターしよう

|there's no 〜|

There's no hot water.　お湯が出ません［ありません］。
There's no point (in) doing that.
　そんなことをしても無駄だ［意味がない］。
There's no use worrying about it.　そんなことで悩んでも無駄だ。
There's nothing wrong with you.　あなたに関しては何も悪いことはない。
There's nothing to do.　何もすることがない。
There's no question that she told a lie.
　彼女がうそをついたことは疑いがない。
There's no turning back now.　もうあと戻りできない。
　＊there's no 〜 ing 「〜することができない、〜するのはとても難しい」
There's no telling what will happen.　何が起こるかわからない。

|there's＋人・物・事＋現在分詞・過去分詞|

（初めて話題にでてくる人・物・事がどういう状態であるか、どうするか）

There's somebody **coming**.　誰かがやってくる。
　≒Somebody is coming.
There's no food **left**.　食べ物が残っていません。
There's something **stuck** in this printer.　この印刷機に何かつまっている。

|there＋存在や出現を表す動詞＋人・物|

Once upon a time **there lived** a poor woodman.
　むかしむかし、貧しいきこりが住んでいました。
There goes the bus.　ほら、バスが出てしまった。
There remains [exists, stands] an old building.
　古い建物が残っている［存在する、立っている］。

|here＋be 動詞|　＊here は there に比べてごく近くをさす場合に用いるが、
　　　　　　　　実際には次のような使い方が多い。

Here's your card (back).　あなたのカードです（カードをお返しします）。
Here we are.　さあ着きました。　＊are に強勢
Here comes the bus.　バスが来たよ。
Here **he comes**.　彼が来たよ。　＊代名詞の場合の語順

(2) it が主語

|天候| It rained all day yesterday.　きのうは一日中雨だった。
　　　It is snowing thick and fast.　雪がしんしんと降っている。
　　　It's windy today.　今日は風が強い。

|日時| What time is it?　何時ですか？
　　　It's Sunday today.　今日は日曜日です。　＊Today is Sunday. も可

|距離| How far is it from here to the station?
　　　　ここから駅までどれくらいありますか？
　　　It's a long way to the station.　駅まではだいぶありますよ。

|周囲の状況|　It's bright in this room.　この部屋は明るいです。

|漠然とした内容・状況|

How was it?　どうだった？
It's your turn.　あなたの番です。　Does it hurt?　痛む？
It must be crowded everywhere.　きっとどこも混んでいるにちがいない。
Maybe it's just a rumor.　たぶんただのうわさだろう。

☺ 主語が思いつかないもので it が使える場合が結構ある。

|形式主語|

（主語が動名詞）

It's difficult **driving** in big cities.　大都市で運転するのは難しい。
It's no use **crying** over spilt milk.
　　こぼれたミルクを嘆いてもどうにもならない。《ことわざ》覆水盆に返らず。

（主語が to 不定詞）

It's important **to listen** carefully.　注意深く聞くことが大切です。
It's impossible *for* me **to solve** the problem.
　　私がその問題を解くのは不可能だ。　＊to 不定詞の意味上の主語は for で表す。
It's very kind *of* you **to help** me.
　　手伝ってくださってあなたはとても親切だ。→ ご親切にどうもありがとう。
　　＊人の性質を表す形容詞の場合は、to 不定詞の意味上の主語は **of** で表す。

(主語が that 節や wh 節)

It's a pity **that** you can't join us.　ご一緒できないとは残念だ。
It's true **that** he told a lie.　彼がうそをついたのは本当だ。
It's certain **that** he will win.　彼が勝つのは確かだ。（×It's sure that ~ ）
It's doubtful **whether** [if] he is innocent.　彼が無実かどうかは疑わしい。
It doesn't matter **whether** he is rich or not.
　彼が金持ちかどうかは問題ではない。
It's not clear **why** the accident happened.
　なぜその事故が起こったのかはっきりしない。
It's not important **who** wrote this letter.
　誰がこの手紙を書いたかは重要ではない。

(3) that [this] が主語

(相手が言った言葉を指して)

That's weird [good, true].　変だね [いいね, 本当だね]。
That's not practical.　それって現実的じゃないよ。

(自分が言った言葉を指して)

This [That] is what I want to say.　これ [それ] が私の言いたいことです。
That [This] is why I'm late.　そういう [こういう] わけで 遅れました。

(したことや状況を指して)

That's enough.　十分です。
That's OK.　大丈夫です。
That [This] is because there was a traffic accident.
　それは [これは] 交通事故があったからです。

(4) 一般の人々を表す主語

　|we|　話し手を含む人々一般
　　　We should obey traffic rules.　交通規則は守らねばならない。
　|you|　聞き手を含む人々、一般に人を指す時に使う。　＊everyone の意味
　　　You can't smoke here.　ここでは喫煙できません。
　|they|　話し手も聞き手も含まれない人々
　　　They speak Spanish in Mexico.　メキシコではスペイン語を話す。

(5) 無生物が主語

The typhoon **made** us **stay** in the hotel all day. 　😊 日本語訳に注意
台風のせいで一日中ホテルにいなくてはならなかった。

The health insurance **enabled** him **to** get [receive] treatment.
その健康保険のおかげで彼は治療を受けることができた。

The snow **prevented** me **from** driving to work. 　＊stopも同様
雪のせいで私は車で仕事に行くことができなかった。

The coffee **kept** me **awake** all night.
そのコーヒーのせいで私は夜間ずっと目をさましていた。

Overwork **gave** me stiff shoulders.
働きすぎが私に肩こりを与えた。→ 働きすぎで肩こりなった。

The data **showed** that a big earthquake may happen in the future.
そのデータで、将来大きな地震が起こるかもしれないことが明らかになった。

When I'm tired, my face **shows** it.
私は疲れている時、顔にでる。(顔がそれを表す)

This picture **reminds** me **of** my childfood.
この写真を見ると子供の頃を思い出す。

(6) その他

Across the mountain is the shortest way. 　＊前置詞句が主語
山を越えるのが最も近道だ。

How many people live in this house?
何人の人がこの家に住んでいますか？

What he said is not true. 　彼が言ったことは本当ではない。

What's important is to do it at once.
大切なのはすぐにそれをやることです。

Not all TV programs are bad for kids.
すべてのテレビ番組が子供に悪いというわけではない。

＊kid は《米》の日常会話では child より一般的

No students could solve the problem.
学生は誰もその問題が解けなかった。

2 述語（動詞・助動詞）

(1) 時制（完了形も含む）
① 現在

現在形

現在の状態や習慣的動作、一般的な事実や真理

I **know** her telephone number.　　私は彼女の電話番号を知っています。
I **go** to work by bus.　　私はバスで通勤しています。
The earth **goes** around the sun.　　地球は太陽の周りを回っている。

見出し、料理の手順の説明、スポーツの実況、ト書きなどは現在形で表す。
過去の出来事でもその場にいるように語る時は現在形を使うこともある。

現在進行形

現在進行中の動作、一定期間続けている動作

「～しているところ」

I'm **reading**.　　私は本を読んでいます。　　**（注）** 今している動作は現在進行形で表す。

「～している」　＊一定期間継続して行われている動作を表す。

I'm **studying** English.　　私は英語を勉強しています。

「（繰り返し）～している」

He **is** always **telling** lies.　　彼はいつもうそをついてばかりいる。
　＊～してばかりいる、困ったものだというニュアンス

「～しつつある」　　She's **losing** weight.　　彼女は体重が減ってきている。

「～しかけている」　　The bus **is stopping**.　　バスが止まりかけている。

基本的には、進行形は動作を表す動詞に用いられるが、状態を表す動詞でも
一時的・短期間の状態や動きや変化があれば、進行形にすることができる。
He **is living** in Osaka now.　　彼は今、大阪に住んでいます。　　＊一時的な状態
I'm **having** a good time.　　私は楽しい時を過ごしています。
I'm **thinking** of moving.　　私は引っ越しを考えています。　　＊思いをめぐらす。

現在完了形 (have [has] + 過去分詞)

> 過去とつながりのある現在の状況

☺ 過去のことを現在持っているというニュアンス

＊過去の特定の時を表す表現と共に用いることはできない。

|完了・結果| ＊just, already, yet などの副詞と共に用いることが多い。

She **has** already **finished** the work.　彼女はもう仕事を終えました。
He **has gone** to Hawaii.　彼はハワイへ行ってしまった。
　　　　　　　　　　　　（今、ここにいない）
She **hasn't come** here yet.　彼女はまだここに来ていない。
I've *just* **been** to the bank.　銀行へ行ってきたところです。

＊just をつけると経験ではなく完了を表すことがはっきりする。

|経験|　＊ever, never, before などの副詞や回数を表す表現と共に用いることが多い。

I've **seen** him just once.　一度だけ彼に会ったことがある。
I've **been** to Hawaii.　私はハワイへ行ったことがある。
Have you *ever* **been** to Hawaii?　ハワイへ行ったことがありますか？
I've *never* **been** to Hawaii.
　（これまで）一度もハワイへ行ったことはありません。

(ever, never を過去形と共に用いて、経験を表すことがある)
Did you ever see a shooting star?　流れ星を見たことがありますか？

|継続|　＊状態の継続を表す。

She **has been** here *since* five o'clock.　彼女は5時からずっとここにいる。
I **have known** her *for* twenty years.　彼女とは20年来の知り合いです。
How long **have** you **lived** in Osaka?　大阪に住んでどれくらいですか？

|現在完了進行形|　(have [has] been 〜 ing)　＊動作の継続を表す。

I've **been reading** this book.　私はずっとこの本を読んでいます。

learn, live, rain, stay, study, work など「一定期間続く動作」を表す動詞は、現在完了形と現在完了進行形のどちらでも継続を表すことができる。

② 過去

過去形

> 過去の状態や習慣的動作、過去のある時点での動作・出来事

I usually **went** to school by bicycle. 　私はたいてい自転車で通学していた。
I **lived** in Osaka when I was young. 　私は若い頃大阪に住んでいた。
I **went** to Hawaii last year. 　私は去年ハワイへ行った。
There **were** some cakes on the table.
　テーブルにいくつかのケーキがあった。
She **could** [was able to] swim very well when she **was** a child.
　＊過去の能力について述べる場合　　彼女は子供の頃とても上手に泳げた。
I ***was** able to* get the ticket. 　私はチケットを手に入れることができた。
　＊could を使うと「やろうと思えばできた」という仮定の意味になるのが普通

> 1回だけ「できた」という場合は、was [were] able to, managed to などを使う。
> また、I got the ticket. のように単に過去時制で表すことが多い。
> 「～できなかった」は、couldn't でも wasn't [weren't] able to でも可。

He **intended** to get married.
　彼は結婚するつもりだった。　　＊したかどうかは不明
I **found** it! 　あった！　＊何かがなされた瞬間の描写は過去形

過去進行形

> 過去のある時点での進行中の動作、過去の一定期間続けていた動作

　＊過去のある期間に繰り返し行われていた動作なども表す。

I **was sleeping** when someone knocked at [on] the door.
　誰かがドアをノックした時、私は眠っていた。
She **was coughing** all night long. 　彼女は一晩中せきをしていた。
He **was** always **saying** bad things about others.
　彼はいつも他人の悪口ばかり言っていた。

（was [were] going to で、過去の予定を表す）

He **was going to** get married. 　彼は結婚する予定だった。
　＊計画や予定が実現しなかった時などに使われることが多い。

過去完了形　（had + 過去分詞）

過去のある時点までの完了・結果、経験、継続を表す

完了・結果

My son **had finished** his homework when I came home.
私が家に帰った時、息子は宿題を終えていた。

経験

I **had** never **seen** a coral reef before I went to Okinawa last year.
去年沖縄に行くまで、私はサンゴ礁を見たことがなかった。

継続　＊過去の特定の時点までの状態の継続を表す。

She **had lived** in Tokyo for twenty years before she moved here.
彼女はここに引っ越してくる前、20年間東京に住んでいた。

過去のある時点よりも前に起こったことを表す

I didn't know that he **had injured** himself.
私は彼がけがをしたことを知らなかった。

過去完了進行形　（had been ～ ing）　＊動作の継続を表す。

She **had been playing** tennis for two hours before it began to rain.
雨が降り出すまで彼女は2時間ずっとテニスをしていた。

その他

would　＊過去の習慣を表す。**(注)** 動作にしか使えない。

「～したものだ」(今しないとは限らない)

I **would** (often) go fishing in the river when I was a child.
私は子供の頃、よく川に釣りに行ったものだ。

used to　＊過去の習慣や過去の状態を表す。

「以前はよく～した（が今はしない）」「以前は～だった（が今は違う）」

I **used to** play baseball every Sunday.　日曜日にはいつも野球をしたものだ。
　＊would に比べてかなり規則的な習慣

He **used to** be a policeman.　彼はもとは警官だった。

There **used to** be a building.　以前はビルがあった（が、今はない）。

③ 未来

will

今後のことに対する予測、自然にそうなること

It **will** get warm soon.　もうすぐ暖かくなるでしょう。
It **won't** rain tomorrow.　明日は雨が降らないでしょう。
I'll be 20 (years old) next year.　来年20歳になります。　＊自然にそうなる。
The game **will** be put off.　試合は延期されるだろう。
He **will** never break his promise.　彼は決して約束をやぶらないでしょう。
Will he come to the party?　彼はパーティーに来るでしょうか？
You **will** get well soon.　あなたはすぐによくなるでしょう。(よくなりますよ)
You **won't** regret it.　きっと後悔しないよ。　＊話し手が確信する未来を表す。

今後のことに対する意志、その場で決めた意志

I'll write (《英》to) you soon.　すぐ手紙を書きます。　＊その場で決めたこと
I **won't** break my promise again.　二度と約束を破りません。
He **won't** answer the question.　彼はどうしても質問に答えようとしない。

> Will you ～？は「依頼・勧誘」などの意味もあるので、相手の意志を聞く場合は Are you going to do? などの型を使う方がよい。

be going to

すでに行為に向かっている状態にあること

　＊未来の出来事を引き起こす要素（状況・予定・意図）が現在すでにある。

It's **going to** rain.　雨が降りそうだ。　＊雨雲が出てきている場合など
I'm **going to** buy a house.　私は家を買うつもりだ。
　＊以前から考えていたこと
She **is going to** be [become] a teacher.　彼女は教師になるつもりだ。
　＊主語と話し手が一致しない場合は、主語の意図に対する話し手の確信
Are you **going to** give her a ring?
　あなたは彼女に指輪を贈るのですか [贈るつもりですか]？
　＊相手が予定、意図していることをたずねる。

I'm going to buy a car next month.　来月、車を買うつもりです。
She is going to have a baby in July.　彼女は7月に赤ちゃんができます。
I'm going to meet him at 10 a.m.　私は午前10時に彼と会います。

> 予定していることを伝える場合は、be going to ～（＋ 予定の時 ）

be ～ ing （be going to より確実な予定）

> すでにそれに向かって準備などが進んでいる未来の予定

＊個人的な予定を表すことが多い。

I'm moving to Osaka next Sunday.
　来週の日曜に大阪へ引っ越します。　＊準備が進んでいる。
What are you doing this afternoon?　あなたは今日の午後は何をしますか？

現在形

> 確実な未来を表す（予定や計画で確定していること）

＊主に come, go, leave, arrive, begin などの予定で用いられる。

The train leaves Osaka at 9:30.　その電車は大阪を9時半に出発します。
The ceremony begins at 10 a.m.　儀式は午前10時に始まります。
Tomorrow is Sunday.　明日は日曜日です。

時刻表や予定表などで確定しているようなことは、現在形で表す。

will be ～ ing

> 未来のある時点で進行中のこと、未来の予定

I'll be working at this time tomorrow.
　明日のこの時間は仕事をしているだろう。
I'll be seeing you tomorrow.
　明日、お会いするでしょう［お会いしましょう］。
　＊状況からして「会うことになるだろう」という推量に近い言い方
Will you be coming to the party tonight?　＊相手の予定や計画をたずねる。
　今夜パーティーにお出でになりますか？
　　＊Are you coming …? より控えめで丁寧な表現になる。

will have ＋過去分詞　（未来完了形）

未来のある時点までの完了・結果、経験、継続を表す

完了・結果

He **will have finished** the work by the time I get to the office.
私が事務所に着くまでに彼は仕事を終えているだろう。

経験

I **will have visited** Hokkaido three times if I go there again.
もう一度北海道へ行けば、私は3回行ったことになります。

継続　＊状態の継続

I **will have lived** here for twenty years next month.
来月で、私はここに住んで20年になります。

未来完了進行形 will have been 〜 ing「ずっと〜し続けているだろう」は、実際にはあまり使われていない。

その他

intend to do　「〜するつもりである」　＊意図している。
I **intend to** go to Hawaii next year.　来年ハワイへ行くつもりです。

plan to do　「〜するつもりである」　＊計画している。
I'm **planning to** go to the movies next Sunday.
次の日曜日に映画を見に行くつもりです。

be supposed to do / be due to do　「〜することになっている」
We're **supposed to** arrive at three.　＊期待通り運びそうにないことを含意
私たちは3時に着くことになっている（が、着きそうにない）。

The bus **is due to** arrive at 6:00.　バスは6時到着予定だ。
　＝ The bus is going to arrive at 6:00.

be to do　「〜することになっている」　（公式の予定）
The President **is to** visit Tokyo next week.
大統領が来週東京を訪れることになっている。

（2）助動詞

助動詞は、動詞にさまざまな意味合いを付け加える。

will 「～するつもりである」「～でしょう」

I'll see you tomorrow.
　明日、会いましょう。

She **will** be in the park now.
　彼女は今公園にいるだろう。

can 「～できる、～してもよい」「～でありうる」

You **can** do it.
　あなたならできるよ。
Can I open it?　開けていい？

That kind of accident **can** happen.
　そのような事故は起こりうる。

may 「～してもよい」「～かもしれない」

You **may** go now.
　もう行ってよろしい。
May I sit here?
　ここに座ってもよいでしょうか。

I **may** be wrong.
　私は間違っているかもしれない。
It **may** be true.
　本当かもしれない。

must 「～しなければならない」「～にちがいない」

You **must** finish it soon.
　すぐそれを終えなければならない。

He **must** be sick.
　彼は病気にちがいない。

shall （疑問文）「～しましょうか」

Shall I clear the table?　食事の後片付けをしましょうか。
Shall we go shopping?　買い物に行きましょうか。

should 「～すべきである、～した方がよい」「～のはずだ」

You **should** see a doctor.
　医者に診てもらった方がいいよ。
You **should** keep your word.
　約束を守るべきだ。

This answer **should** be right.
　この答えは正しいはずだ。

will

意志　「~するつもりである、~します」

I'll call you later.　あとで電話します。

She says (that) she'll never tell a lie.
　彼女は決してうそはつかないと言っています。

> 強い意志を示す場合は短縮形 'll は用いない。

I won't smoke again.　二度とタバコは吸いません。

He won't listen to me.　彼はどうしても私の言うことを聞かない。

The door won't open.　ドアがどうしても開かない。
　＊無生物が主語の場合にも用いる。

可能性・推量　「~だろう、~でしょう」
　＊現在や未来のことに対する推量（確信度がとても高い）

It will stop raining soon.　まもなく雨はやむだろう。

You will make good friends at school.　学校でいい友達ができるでしょう。

He will be angry with me.　彼は私に腹を立てているだろう。

He will be waiting for me.　彼は私を待っているだろう。

She will [won't] be in the kitchen now.
　彼女は今台所にいる [いない] だろう。

Will she be at home now?　彼女は今家にいるでしょうか？

> 過去の推量は、will have + 過去分詞 だが、未来完了形と同形なので it's probable that ... , probably ... , I suppose [guess] ... などで表現する方が無難である。

Will you give me a hand?　手伝ってくれますか。（依頼）
　＊親しい相手や家族に気軽な用件を頼む時に使う。

Won't you [Will you] come to the party?
　パーティーに来ませんか。（勧誘）

That'll be 50 dollars.　50ドルになります。（断定を避ける丁寧な言い方）

習性や傾向　「~するものだ」

Accidents will happen.　事故は起こるものだ。

would

意志　（否定文）　「(どうしても) ～しようとしなかった」

She **wouldn't** say yes.　彼女はどうしてもはいと言わなかった。
The door **wouldn't** open.　そのドアはどうしても開かなかった。

（肯定文）　＊時制の一致で使われる。(will の過去形)

She told me that she **would** call me later.
　彼女は私に後で電話すると言った。

可能性・推量　「(ひょっとすると) ～かもしれない」「(たぶん) ～でしょう」

　＊will より確信度は低い。

She **would** be angry.　たぶん彼女は怒っているでしょう。
That girl **would** be her daughter.　あの女の子は彼女の娘さんだろう。
They **would** *have arrived* by noon.
　彼らは正午までに到着しているだろう。　＊過去の推量

（仮定法で用いる）

If I were you, I **would** help him.　もし私があなたなら、彼を助けるだろう。
I **would** have failed without your help.
　あなたの助けがなかったら、私は失敗していたでしょう。
If I'd had enough money, I **would** have bought it.
　└ I had　もし十分なお金を持っていたなら、それを買っただろうに。

> **Would** you (please, possibly) move your car?
> 　あなたの車を動かしていただけませんか。（依頼）
> **Would** it be possible to use your car?
> 　あなたの車を使ってもよろしいでしょうか。（許可を求める）
> **Would** you mind if I sat here?
> 　ここに座ってもよろしいでしょうか。（許可を求める）
> **I'd like** ～　「～がほしい」、**I'd like to** ～　「～したい」などの丁寧表現

(過去の) 習慣・習性　「(よく) ～したものだった」

　＊通例過去を示す副詞節 [句] を伴う。

I **would** (often) play catch, when I was a child.
　子供の頃、よくキャッチボールをしたものだ。

can

能力・可能　「〜できる」

She **can** speak French.　彼女はフランス語を話すことができる。
　= She is able to speak French.
Can you ride a bicycle?　あなたは自転車に乗れますか？
This car **can** carry 10 people.　この車には10人乗ることができる。
　＊主語が人や生き物以外でもcanが使える。
I **can** go out today.　私は今日外出することができます。
I **can't** come with you.　あなたと一緒に行けません。

> （他の助動詞を用いる場合はbe able toを使う）
> will be able to 〜, might be able to 〜, would be able to 〜など

許可・依頼　「〜してもよい」「〜してくれますか」

You **can** smoke (in) here.　ここでタバコを吸ってもかまいません。
　＊in hereは室内を意味する。
You **can't** use this bathroom.　このトイレは使ってはいけません。
Can I take pictures here?
　ここで写真を撮ってもいいですか。（許可を求める）
Can you pass me the salt?　塩を渡してもらえる？（依頼）

> Can I carry your baggage?　荷物を運びましょうか。（申し出）

可能性・推量　「〜でありうる」「〜することがある」

Anybody can make mistakes.　誰にでも間違いはありうる。
Skiing can be dangerous.　スキーは危険なこともある。

（疑問文）　「〜でありうるだろうか、いったい〜だろうか」
Can it be true?　それは本当なんでしょうか？

（否定文）　「〜ではありえない、〜のはずがない」
The rumor **cannot [can't]** be true.　そのうわさは本当のはずがない。
He **can't** have told a lie.　彼がうそをついたはずがない。（過去）

could

能力・可能　「～できた」

He **could** [was able to] play the piano very well when he was a child.
　彼は子供の頃とても上手にピアノが弾けた。
　　＊過去の能力については could も was [were] able to も使うことができる。

I **could** understand what he wanted to say.
　彼が何を言いたいのか理解できた。
　　＊知覚（見る、聞く、感じるなど）や認識（分かる、理解するなど）を表す動詞と
　　could を一緒に用いて、「過去に知覚や認識が可能だった」ことを表現できる。(One)

He ran as fast as he **could**.　彼はできるだけ速く走った。　＊時制の一致

I **couldn't** call him.　私は彼に電話できなかった。
　　＊否定文の場合は1回限りの出来事でも could が使える。

I **could** hardly hear him.　彼の言うことがほとんど聞こえなかった。

許可・依頼　「～していいですか」「～してくださいますか[ませんか]」
　　＊can より控えめで丁寧な表現

Could I use your dictionary?　あなたの辞書を使ってもいいでしょうか。
Could you (please, possibly) walk my dog?
　私の犬を散歩させてもらえませんか。

可能性・推量　「～かもしれない」　＊可能性・確信度が低い。

It **could** be a good chance.　いい機会かもしれない。
It **could** [×can] rain this evening.　今日の夕方、雨が降るかもしれない。
　　＊「～かもしれない」という意味では、通例 can は肯定文では用いない。

She **could** [×can] have met Tom.　彼女はトムに会ったかもしれない。

（疑問文）　**Could** the rumor be true?
　そのうわさはいったい本当でしょうか？

（否定文）　「～のはずがない」

It **couldn't** be true.　本当のはずがない。
She **couldn't** have met Tom.　彼女がトムに会ったはずがない。

（仮定法で用いる）

If she were [was] a bit taller, she **could** become a (fashion) model.
　彼女がもう少し背が高かったらモデルになれるだろうに。

may

許可 「～してよい」 ＊目下の人に許可を与える場面で使われる。

You **may** go now.　もう行ってもよろしい。
May I sit here?　ここに座ってもよろしいですか。
　＊May I ～ ? は相手の権限を尊重する質問。Can I ～ ? を用いるのが一般的。

（否定文）「～してはいけない」

You **may** not sit on this chair.　このいすに座ってはいけない。
　＊会話ではあまり使われない。普通は、You can't sit on this chair.

可能性・推量　「～かもしれない」

Hanako **may** know his address.　花子は彼の住所を知っているかもしれない。
She **may** not be angry now.　彼女はもう怒っていないかもしれない。
She **may** (not) come tomorrow.　彼女は明日来る（来ない）かもしれない。
She **may** have left Japan yesterday.（過去）
　彼女は昨日、日本を出発したかもしれない。

┌─────────────────────────────────────┐
│ may [might] well ～　「たぶん～だろう、～するのももっともだ」│
└─────────────────────────────────────┘

祈願・願望　「～せんことを、～するように（と）」

May [×Might] you be happy!　幸せでありますように。

might

可能性・推量　「（ひょっとして）～かもしれない」

The story **might** (not) be true.　その話は本当（でない）かもしれない。
She **might** have missed the train.
　彼女は列車に乗り遅れたのかもしれない。
He **might** not be able to come tomorrow.
　彼は明日来られないかもしれない。

（仮定法で用いる）

If he were [was] a bit richer, he **might** lend me some money.
　もし彼がもう少し金持ちだったら、お金を貸してくれるかもしれない。

> 許可で might を使うのは通例時制の一致の場合に限られる。

must

義務・命令 「～しなければならない」 ＊人には命令、自分には義務を課す。

You **must** go there immediately.　＊過去は had to、未来は will have to
あなたはすぐにそこへ行かなければならない。

I'm afraid I **must** be going now.
残念ながら、もうおいとましなくてはなりません。

Must I come by 9 a.m.?　午前9時までに来なければいけませんか？
　＊一般的には Do I have to ～? を用いる。

You **must** come and see me anytime.　いつでもぜひ遊びに来てください。
　＊強く勧めたり、誘ったりする時

（否定文） 「～してはいけない」「～すべきでない」（禁止）

You **must** not [mustn't] park (your car) here.
　ここに車を止めてはいけない。　＊may not より語調の強い禁止

必然性・推量 「～にちがいない」「きっと ～だ」　＊強い確信を表す。

You **must** be joking.　冗談を言っているにちがいない。→ 冗談でしょう。

He **must** have been sick.　彼は病気だったにちがいない。（過去）

shall

意志 「～します」　＊will より強い意志［決意］を表すことができる。

I **shall** never forget your kindness.　あなたの親切を決して忘れません。
　＊この意味での shall は日常会話ではあまり使われない。普通は will を用いる。

（疑問文） 「～しましょうか？」　＊相手の意向をたずねる。

Shall I open the window?　窓を開けましょうか。（申し出）

What **shall** I do?
　どうしたらいいですか。何をしましょうか。
　（困惑して）どうしたらいいのだろう。　＊自問自答

When **shall** [should] we meet?　いつ会いましょうか。
　＊When do we meet? も可

「～しましょうか？」「（一緒に）～しませんか？」

Shall we dance?　踊りましょうか。（提案・勧誘）
　＊Should we dance?　踊るべきでしょうか？（疑問）

should

義務　「〜すべきである」「〜した方がよい」

You **should** apologize to her for your rudeness.
　彼女に無礼を詫びるべきだ。

You **shouldn't** say bad things about your friends.
　友達の悪口を言わない方がいいよ。

「〜すべきであったのに（実際はしなかった）」（過去）　＊非難や後悔

You **should** have told her the truth.
　彼女に本当のことを言えばよかったのに。

You **shouldn't** have told her such a thing.
　彼女にそんなことを言うべきではなかったのに。

可能性・推量　「たぶん〜だ」「〜のはずだ」　＊強い確信・高い可能性を表す。

He **should** get to the office in an hour.　彼は１時間で会社に着くはずだ。

It **shouldn't** be difficult to find the book.
　その本を見つけるのは難しくないはずだ。

「（当然）〜したはずだ」（過去）

He **should** have arrived at the station.　彼はもう駅に着いているはずだ。

that 節の中で使われる should

○提案や要求を表す動詞の場合や必要や重要、緊急を表す形容詞の場合
　　＊《米》では動詞の原形を使う。

　He suggested (that) we (**should**) decide by majority.
　　彼は多数決で決めるよう提案した。

　It's important [necessary] that we (**should**) understand each other.
　　私たちがお互いに理解し合うことが大切［必要］だ。

○感情や判断を表す形容詞（strange, natural, right など）の場合
　It's strange that he **should** believe the rumor.
　　彼がそのうわさを信じるなんて不思議だ。　＊should で意外な気持ちを強調

（should を使わないで表現した場合）　＊話し手の主観を含まない客観的な表現
　It's strange [natural] that he **believes** the rumor.
　　彼がそのうわさを信じるのは不思議［当然］だ。

3 修飾語 [句・節] （目的語・補語を含む）

(1) 名詞

目的語・補語として

He became a doctor.　彼は医者になった。(SVC)
I like dogs.　私は犬が好きです。(SVO)
He bought his son a book.　彼は息子に本を買った。(SVOO)
She told her friends the truth.　彼女は友達に真実を話した。(SVOO)
I named the dog Merry.　私はその犬にメリーと名前をつけた。(SVOC)
We elected Tom captain.　私たちはトムをキャプテンに選んだ。(SVOC)

S＝subject（主語），V＝verb（動詞），O＝object（目的語），C＝complement（補語）

同格の名詞を並べて説明

the musical 'Cats'　ミュージカル「キャッツ」
my husband Tom　私の夫のトム

前の名詞があとの名詞を説明

food poisoning　食中毒　　a cotton shirt　木綿のシャツ
a blood test　血液検査　　vegetable soup　野菜スープ

名詞を副詞的に使う

You can cook it **the way** you like.　好きなようにそれを料理していいよ。
I'll call you **the first thing** in the morning.　朝一番にあなたに電話します。
We've just moved **next door**.
　ちょうど今、隣へ引っ越してきたばかりです。
He lived in Paris **all his life**.　生涯、彼はパリで暮らした。
She lives **about two kilometers** from the station.
　彼女は駅からおよそ2キロの所に住んでいる。
Go down the street (for) **50 meters**.　この道路を50メートル行きなさい。
We came home (at) **about seven**.　私たちは7時ごろ家に帰った。
I went skiing **last week**.　先週スキーに行った。

📖 時間・距離・数量・様態を表す名詞は前置詞がつかずに名詞のままで副詞の働きをすることがある。　　（学校で教えてくれない英文法）

(2) 前置詞句

名詞を修飾 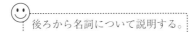 後ろから名詞について説明する。

I met a girl **in a fur coat**.　私は毛皮のコートを着た女の子に会った。
I wrote to my friend **in Canada**.　私はカナダにいる友達に手紙を書いた。
I like this music **from a famous movie**.
　私はある有名な映画のこの曲が好きです。
The girl **with blond hair** is looking for someone.
　金髪の少女が誰かをさがしています。
The cakes **in the box** are for our guests.
　箱の中のケーキはお客様用です。
Look at the cat **on the roof**.　屋根の上にいる猫を見てごらん。
We climbed to the top **of the mountain**.
　私たちは山の頂上まで登った。

動詞を修飾  あとから情報を付け足す。

My dog is running **in the garden**.　私の犬が走っています（庭で）
I will stay **in Paris for two weeks**.　私は滞在します（パリに）（2週間）
She put a box **on the table**.　彼女は箱を置いた（テーブルの上に）
I usually drink coffee **without sugar**.
　私はいつもはコーヒーを飲みます（砂糖なしで）
I bought this necklace **for 10,000 yen**.
　私はこのネックレスを買った（1万円で）
I went **to Osaka by train**.　私は行きました（大阪へ）（電車で）
I went shopping **with my friends after lunch**.
　私は買い物に行った（友達と）（昼食の後）
I borrowed some books **from the library during my vacation**.
　私は何冊か本を借りた（図書館から）（休暇中に）

（英語は 狭い範囲 → 広い範囲 、日本語は 広い範囲 → 狭い範囲 ）
I bought it at a shop in Osaka.　大阪 の 店 でそれを買った。
I met him at ten in the morning.　午前 10時 に彼と会った。

（3）形容詞

補語として

主語＋動詞＋形容詞

He died **young**.　彼は若くして死んだ。
This flower smells **sweet**.　この花はいいにおいがする。

> （同様の形をとる 動詞＋形容詞）
> **keep** silent, **grow** dark, **get** sick, **turn** red, **come** true,
> **go** bad, **look** pale, **feel** dizzy, **taste** good, **sound** strange

主語＋動詞＋目的語＋形容詞

I left the door **open**.　私は戸を開けたままにしていた。
She always keeps the room **clean**.　彼女はいつも部屋をきれいにしている。
He painted the wall **white**.　彼は壁を白い色に塗った。

名詞を修飾

名詞の前に置く

（形容詞だけで名詞を修飾する場合）

a **little** cat　小さい猫　　a **useful** book　役に立つ本
a **nice big round wooden** table　すてきな大きくて円形の木製テーブル
　＊〈主観的に判断すること〉→〈客観的に判断できること〉の順が普通

名詞の後ろに置く

（他の修飾語を伴っている場合）

She has a glass **full of water**.
　彼女は水がいっぱい入ったグラスを持っている。
I have a sister **three years older than me**.
　私より3歳年上の姉がいます。

（-thing, -one, -body のつく代名詞を修飾する場合）

I'm looking for some**thing** nice.　私は何かいい物をさがしています。

置く位置によって意味が異なる例

the members **present**　今出席している会員たち
the **present** members　現在の会員たち

(4) 副詞

動詞を修飾

様態を表す副詞

＊動詞（＋目的語）の後に置く。動詞の前に置くこともある。

The smoke spread **gradually** throughout the house.
煙は徐々に家中に広がっていった。
He shut the door **quietly**.　彼は静かにドアを閉めた。
She **carefully** opened the box on the table.
彼女はテーブルの上の箱を注意深く開けた。
＊目的語が他の修飾語を伴って長い場合は、副詞を動詞の前に置く。

程度や頻度を表す副詞

＊一般動詞の前、be 動詞や助動詞があれば、その後に置く。

I have **almost** finished the work.　私はほぼ仕事を終えた。
I don't **completely** trust him.　私は彼を完全に信用しているわけではない。
I **usually** drink coffee at breakfast.　私はたいてい朝食にコーヒーを飲む。
＊never, rarely, sometimes, often なども同様

I go shopping **twice a week**.　私は1週間に2回買い物に行く。
＊2語以上の句は普通文末に置く。

場所・時を表す副詞

＊場所は動詞の後、目的語がある場合はその後ろ、時を表す副詞は文末に置くことが多い。

I've met him **before**.　私は以前に彼と会ったことがある。
I stayed **there yesterday**.　私は昨日そこに滞在した。
＊原則として〈場所〉→〈時〉の順

形容詞や他の副詞を修飾

＊程度を表す副詞が形容詞や他の副詞を修飾するときは、修飾する語の直前に置く。

She is **very** [**really**] sociable.　彼女はとても社交的だ。
He speaks English **very** fluently.　彼はとても流暢に英語を話す。
The test was **fairly** easy.　テストはかなりやさしかった。
It is **pretty** cold today.　今日はかなり寒い。
It's **almost** impossible to persuade him.
彼を説得するのはほとんど不可能だ。

文全体を修飾　＊通常は文頭にくるが、文中や文末にくることもある。

Fortunately, he passed the exam.
He **fortunately** passed the exam.　　運よく彼は試験に合格した。
He passed the exam, **fortunately**.

He will **certainly** pass the exam.　彼はきっと試験に合格するでしょう。
Probably, he can't pass the exam.　彼はたぶん試験に合格できない。
　　＊文修飾語は否定語の直後には用いない。　×He can't probably ...

（置く位置によって意味が異なる）
　　＊文頭の副詞は状況設定、文末の副詞は情報の追加

Strangely, she didn't look at her mother.
　　不思議なことに彼女は母親の方を見なかった。　＊文全体を修飾

She looked at her mother **strangely**.
　　彼女は母親を不思議そうに見た。　＊動詞を修飾

句・節を修飾

The accident happened **just** [**right**] in front of the station.
　　事故はちょうど駅の前で起こった。

He works hard **only** when his boss is watching.
　　彼は上司が見ている時だけ一生懸命働く。

名詞・代名詞を修飾

A trip **abroad** can be dangerous.　　海外への旅行は危険なことがある。
They are talking about the weather **tomorrow**.
　　彼らは明日の天気について話している。

Only my mother knew the truth.　　母だけが真実を知っていた。
Even children can understand it.　　子供でもそんなことはわかる。
Did you see anyone **else**?　　他に誰かに会いましたか？

（副詞や形容詞に伴う数量の位置）　＊副詞や形容詞の前に置く。

My watch is a few minutes **slow**.　　私の時計は２、３分遅れている。
I need a rope about two meters **long**.　＊high, wide, deep なども同様
　　約２メートル（の長さ）のロープが必要だ。

He came back two weeks **early**.　　彼は２週間早く帰って来た。

(5) 現在分詞　「〜している、〜する」(能動の意味)

名詞を修飾

名詞の前に置く

The **sleeping** baby is my granddaughter.
　眠っている赤ちゃんは私の孫娘です。

He was looking at the **burning** house.　彼は燃えている家を見ていた。

名詞の後ろに置く　＊現在分詞が修飾語句や目的語を伴うとき

I know the girl **speaking** English well.
　英語を上手に話している少女を知っている。

The man **standing** at the door is Tom.
　戸口に立っている男性はトムです。

> (〜ing は、現在分詞の場合と動名詞の場合で意味が異なる)
>
> 現在分詞　「〜している」
> 　　a moving car　動いている車　　a sleeping dog　眠っている犬
> 動名詞　「〜するための」
> 　　a moving van　引っ越し車　　a sleeping car　寝台車

補語として

主語＋動詞＋現在分詞

He came **running**.　彼は走ってきた。
　＊〈動作を表す自動詞＋分詞〉は同時の動作を表す。

She kept **reading** all night.　彼女は一晩中本を読んでいた。

The cat remained **sitting** on the chair.　その猫はいすに座ったままだった。

主語＋動詞＋目的語＋現在分詞

I saw someone **standing** there.　誰かがそこに立っているのが見えた。

I felt the house **shaking** for a few minutes.
　私は数分間家が揺れるのを感じた。

I feel my heart **beating**.　心臓がどきどきするのを感じる。

I can smell something **burning**.　何か焦げているにおいがする。

He left the phone **ringing**.　彼は電話を鳴りっぱなしにしておいた。

(6) 過去分詞　「～された、～されている」(受動の意味)

名詞を修飾

名詞の前に置く　＊形容詞として使われる分詞もある。

I'm looking for my **stolen** bag.　私は盗まれたバッグをさがしています。
I found a **broken** toy in the kennel [《主に米》dog house].
　犬小屋でこわれたおもちゃを見つけた。
a used car（中古車）　　a reserved seat（予約席）
a boiled egg（ゆで卵）　　frozen food（冷凍食品）

> 過去分詞が「完了」を表すこともある。　＊自動詞の場合
> fallen leaves（落ちた葉 → 落ち葉）　a retired man（退職した男性）

名詞の後ろに置く　＊他の修飾語句を伴う場合

This is a novel **written** by Henry.
　これはヘンリーによって書かれた小説です。
He repaired the roof **broken** in the typhoon.
　彼は台風でこわれた屋根を修理した。
The watches **made** in Japan are very good.
　日本で作られた腕時計はとてもよい。
He had a dog **named** Hachi.　彼はハチという名前の犬を飼っていた。

補語として

主語＋動詞＋過去分詞

The criminal was walking **surrounded** by police officers.
　犯人は警官に囲まれて歩いていた。
All the shutters remain **closed** for two weeks.
　すべてのシャッターは2週間閉められたままです。

主語＋動詞＋目的語＋過去分詞

I heard my name **called**.　私の名前が呼ばれるのが聞こえた。
He kept the door **closed** all day.　彼は一日中ドアを閉めたままにしていた。
I found the hotel **renovated**.　私が行ってみるとホテルは改装されていた。
　＊会話では the hotel was renovated ということが多い。

(7) 不定詞

名詞を修飾

Do you have a knife **to cut** the cake (with)?
　ケーキを切るナイフを持っていますか？

The time has come **to make** a final decision.
　最後の決定をする時がきた。

He broke his promise **to go** shopping.
　彼は買い物に行くという約束を破った。

動詞を修飾

目的

He studied hard **to pass** the exam.
　彼は試験に合格するよう一生懸命勉強した。

結果

He grew up **to be** a famous actor.　彼は成長して有名な俳優になった。
He practiced hard, only **to lose** the game.　＊only で失望や驚きを表す。
　彼は一生懸命練習したが、試合に負けてしまった。
He went to the island, never **to return**.
　彼はその島へ行って、二度と戻らなかった。
　＊会話では He went to the island, and he never returned. の方が自然

感情の原因

I'm glad **to see** you.　あなたに会えてうれしいです。
I'm sad **to hear** the news.　その知らせを聞いて悲しいです。

判断の根拠

He is crazy **to do** such a thing.
　そんなことをするなんて、彼はどうかしている。
He is very kind **to help** me.　手伝ってくれるなんて、彼はとても親切だ。

（難易を表す形容詞＋to 不定詞）

This problem is easy **to solve**.　＝　It's easy to solve this problem.
　　　　└ solve の目的語　　　　　　この問題は解きやすい。
　＊文の主語は to 不定詞の意味上の目的語で、to 不定詞の意味上の主語は話し手

He is easy [difficult] **to talk** to.　彼は話しかけやすい［にくい］。

(8) 関係詞

① 関係代名詞

who　　先行詞は「人」

I have a friend **who** *lives* in Canada.　　私にはカナダに住む友達がいます。
　＊関係代名詞が主語の場合、動詞は先行詞に対応する。

The girl **who** is standing by the gate is my daughter.
　門のそばに立っている女の子は私の娘です。
　　= The girl standing by the gate is my daughter.

分詞、前置詞句、to 不定詞などで表現できる場合は、それらを使った方が簡単

whom　　先行詞は「人」で、目的語の働きをする。

He is the man (who, **whom**) you want to see.
　彼はあなたが会いたがっている男性です。

That is the girl (who, **whom**) I went to the movies *with*.
　あれは私が一緒に映画に行った女の子です。
　＊with whom も可能だが、文章体。with who は不可。

会話では、目的語でも whom の代わりに who を使うことが多い。
また、目的格の関係代名詞は省略されることが多い。

which　　先行詞は「人以外のもの」　＊that を用いることもできる。

There's a restaurant **which** [that] serves special wine in this town.
　この町に特別なワインを出してくれるレストランがあります。

The book (**which**, that) I borrowed from the library is very useful.
　私が図書館から借りた本はとても役に立ちます。

This is the book (**which**, that) you are *looking for*.　（× for which)
　これはあなたがさがしている本です。
　＊look for は群動詞［句動詞］（一つのまとまり）なので切り離せない。

I know the house (**which**, that) Hanako lives *in*.
　= I know the house *in which* Hanako lives.
　私は花子さんが住んでいる家を知っています。
　＊in which は文章体。that は前置詞の後には置けない。

whose　所有格を表し、人にも人以外にも使われる。

I met a friend **whose** mother is a singer.
　私は、母親が歌手である友達に会った。

I looked up the word ***whose*** *meaning* I didn't know.
　私は意味のわからない単語を調べた。
　＊the meaning of which も可能だが、日常会話ではあまり使われない。

There was a large house **whose** roof was red.
　屋根が赤い色の大きな家があった。
　＊There was a large house with a red roof. と表現することが多い。

that　先行詞は「人・人以外のもの」（口語的な表現）

I'm looking for the hamster **that** ran away out of the cage.
　私はかごから逃げ出したハムスターをさがしている。

I've lost the ring (**that**) my husband gave me.　夫がくれた指輪をなくした。
　　　　　　　　　└─ 目的格なので省略可

> 口語では which よりも that を使うことが多いが、先行詞が人の場合は that よりも who を使うのが普通。

（that を使うのが好まれる場合）

○ 先行詞が「人」以外で、**特定の1つや全体を表す表現**が使われている場合
　（最上級, the first, the last, the only, the same, all, every, any, no など）
　I lost **the most** expensive ring **that** I had bought in Paris.
　　私はパリで買った最も高い指輪をなくした。

○ 〈人＋人以外のもの〉が先行詞の場合
　They didn't send volunteers and equipment **that** we needed.
　　彼らは私たちが必要とするボランティアや備品を送ってくれなかった。

> 疑問詞 who が先行詞になる場合も that を使うことが多い。

（such や the same を伴う名詞の場合は as が用いられる）

I've never heard **such** a story **as** he told us.
　彼が私たちに言ったような話は聞いたことがない。

Ann bought **the same** bag **as** [that] you have.
　アンはあなたが持っているのと同じかばんを買った。

what 先行詞なしで使う。what がつくる関係代名詞節は、名詞の働きをし、主語や補語、目的語として使われる。

「(～する) もの [こと]」

He is looking for **what** he lost. 　彼はなくした物をさがしている。
I can't believe **what** she said.
　私は彼女が言ったことを信じることができない。
That's **what** I wanted to buy. 　それが私の買いたかった物です。
What I want to know is who did it.
　私が知りたいのは、誰がそれをしたかということです。
She's not **what** [she used to be. / she was.] 　彼女はかつての彼女ではありません。

(関係形容詞)「(～する) 全部の」

I'll give you **what** help I can. 　できるだけの援助をしましょう。
I gave him **what** little money I had. 　私はなけなしの金を彼に渡した。

関係代名詞の非制限用法 　(非限定用法、継続用法ともいう)

＊関係代名詞の前にコンマを置いて、先行詞について補足的に説明する。
　口語では〈接続詞＋代名詞〉で表すことが多い。

I happened to meet my uncle, **who** runs a company.
　私はたまたまおじに会ったのですが、彼は会社を経営しています。
Tom's father, **whom [who]** I've met once, is a doctor.
　トムのお父さんは、1度会ったことがあるのですが、医者です。
　＊非制限用法の場合は目的格の関係代名詞でも省略できない。
Mr. Smith, **whose** son is a singer, teaches English.
　スミスさんは、息子さんが歌手なのですが、彼は英語を教えています。
I didn't say anything, **which** made her angry.
　私は何も言わなかった。それが彼女を怒らせた。
　＊文全体が先行詞。and it made her angry の方が口語的。
I have a lot of books, most [some] of **which** I haven't read yet.
　私は本をたくさん持っています。そのほとんど [いくつか] は
　まだ読んでいません。　＊most [some] of them の意味

② 関係副詞

where 場所を表す名詞を先行詞にする。

The restaurant **where** [at which] we had dinner was very nice.
私たちが食事をしたレストランはとてもすてきだった。

I know the house **where** he lives.　私は彼が住んでいる家を知っている。
　= I know the house (which, that) he lives in.

This is the place (**where**) I first met her.
ここは私が彼女と初めて会った所です。
　＊先行詞が place の場合、where は口語ではしばしば省略される。

> This is the hotel (**which, that**) I like very much.
> これは私がとても好きなホテルです。
> 　＊この文は the hotel が like の目的語なので、where ではなく、which か that。ただし省略することが多い。

（point, case, situation も where の先行詞になる）

There are some cases **where** the rule doesn't hold true [good].
そのルールが当てはまらない場合もある。

先行詞を含んで「〜する場所」　＊the place where の意味を表す。
This is **where** I used to live.　ここは私が以前住んでいた所です。

when 時を表す名詞を先行詞にする。

The day **when** we went hiking was very cold.
私たちがハイキングに行った日はとても寒かった。

I remember the day (**when**) I first visited Paris.
私は初めてパリを訪れた日のことを覚えている。
　＊口語では when はしばしば省略される。

The day has come **when** he leaves Japan.　彼が日本を離れる日がきた。
　＊先行詞と when が離れている場合は、when を省略することはできない。

先行詞を含んで「〜の時、〜する時」　＊the time when の意味を表す。
Sunday is **when** I can relax.　日曜日はリラックスできる時です。

why　reason が先行詞で理由を説明する。

I don't know the reason **why** she quit her job.
　私は彼女が仕事をやめた理由を知らない。

The reason **why** he is absent is not clear.
　彼が欠席している理由ははっきりしない。

This is the main reason (**why**) the war broke out.
　これがその戦争が起こった主な理由です。

　　＊口語では why はしばしば省略される。

先行詞を含んで「〜する［である］理由［わけ］」　＊the reason why の意味を表す。

That's **why** I quit my job.　それで［そういうわけで］仕事をやめたのです。
Nancy is very kind. This [That] is **why** I like her.
　ナンシーはとても親切だ。だから私は彼女が好きなのです。

　　＊This [That] is the reason I like her. ということもできる。

how　方法を説明する。先行詞なしで使い、通常 the way か how

　(注) the way how 〜 という形は使われない。

先行詞を含んで「(〜する) 方法」

That's **how** I got to know him.　そのようにして私は彼と知り合った。
　= That's the way I got to know him.

I don't like **how** he talks.　私は彼の話し方が好きではない。
　= I don't like the way he talks.

関係副詞の非制限用法

Tom went to Rome, **where** he met his wife.
　トムはローマへ行った。そこで彼の妻と出会った。

I got to the station at seven, **when** he was still waiting for me.
　私は7時に駅に着いた。その時、彼はまだ私を待っていた。

We were chatting over coffee, **when** the telephone rang.
　私たちはコーヒーを飲みながらおしゃべりしていた。その時、電話が鳴った。

　　and there [then] や but there [then] などの意味を表すことができる。

　　☺ 非制限用法ではコンマの後、区切って言う。

③ 複合関係代名詞・複合関係副詞

whoever　「～する人はだれでも」「だれが [を] ～しても（譲歩）」

I'll welcome **whoever** you invite.
　あなたが招いた人なら誰でも歓迎します。
　　＊正式には whomever だが、whoever を用いることが多い。
　　　一般には anyone (who) のようにいう。

Whoever [No matter who] comes, don't unlock the door.（譲歩）
　誰が来てもドアのかぎを開けてはいけない。

whichever　「どちらでも」「どちらが [を] ～しても（譲歩）」

You can buy **whichever** you like.　どちらでも好きな方を買っていいよ。
Whichever [No matter which] you choose, there is no difference.（譲歩）
　どちらを選んでも違いはないよ。

whatever　「～する物は何でも」「何が [を] ～しても（譲歩）」

Ask me **whatever** [anything that] you want to know.
　知りたいことは何でも私に聞きなさい。
Whatever [No matter what] happens, he will come back.（譲歩）
　何が起ころうと、彼は戻ってくるだろう。

wherever　「～する所ならどこでも」「どこへ [に] ～しても（譲歩）」

Sit down **wherever** [anywhere] you like.
　どこでも好きな所に座りなさい。
Wherever [No matter where] you (*may*) go, I will follow you.（譲歩）
　あなたがどこへ行こうと、私はついて行きます。　＊may を使うのは文語的

whenever　「～する時はいつでも」「いつ ～ しても（譲歩）」

You can call me **whenever** you *want*.　いつでも電話したい時にしていいよ。
　＝You can call me (at) any time (when) you *want*.　＊want to call の略
I won't see you, **whenever** [no matter when] you (*may*) come.（譲歩）
　あなたがいつ来ても会いません。

however　「どんなに ～ しても（譲歩）」

However [No matter how] busy you are, be sure to call me.
　どんなに忙しくても必ず電話してね。

(9) 接続詞

that 「～ということ」　＊主語・補語・目的語になることができる。

I believe (**that**) he is innocent.　彼は無実だと私は信じている。

＊that 節が目的語や補語になった場合、口語では that は省略されることが多い。

> know (that) … , say (that) … , think (that) … , hope (that) … なども同様

The problem is (**that**) he can't speak English.
問題は彼が英語を話せないことです。

I think *it* impossible **that** we can cancel the reservation.
その予約を取り消すのは不可能だと思う。

＊形式目的語 it の内容を表す that 節では that を省略できない。
　I think it's impossible that … の方が口語的

Don't forget the fact **that** smoking is harmful to our health.
喫煙は健康に有害であるという事実を忘れないでください。

＊同格の that の省略はまれ

|感情を表す形容詞＋(**that**) 節|

＊感情の原因・理由を表す。that は省略されることが多い。

I'm glad (**that**) you passed the exam.
あなたが試験に合格してうれしいです。

> I'm happy (that) … , I'm sorry (that) … なども同様

if / whether　「～かどうか」

I don't know **if** [**whether**] he told a lie.
彼がうそをついたかどうかわからない。

＊if 節は原則として動詞の目的語の働きをする場合のみ可能。
　口語では whether 節の代わりによく使われる。

Whether he likes me *or not* doesn't matter.
彼が私を好きか否かは問題ではない。

＊選択をはっきりさせる時は or not をつける。

We have to decide **whether** to go or stay.
行くべきかとどまるべきか決めなくてはならない。

It depends on **whether** you can afford the time to travel.
あなたに旅行する時間の余裕があるかどうかによるよ。

when / while

When the telephone rang, I was taking a bath.
電話が鳴った時、私は風呂に入っていた。

When I had finished the work, I went out jogging.
仕事をすませてから、ジョギングに出かけた。

Please give her this letter **when** she comes [×will come].
彼女が来たらこの手紙を渡してください。

＊条件や時を表す副詞節では、未来のことでも現在形で表す。

Don't disturb me **while** I'm studying.　勉強中はじゃまをしないで。

While (he was) in Japan, he bought the camera.
彼は日本にいる時に［間に］そのカメラを買った。

I like vegetables, **while** he likes meet.
私は野菜が好きだが、彼は肉が好きです。

＊while は「だが一方」という意味もある。

as どの意味かは文脈などから判断する。

「(〜する) ように」

Give up smoking **as** your doctor advised.
医者が勧めたように禁煙しなさい。

Leave the things in the room **as** they are.
部屋の中の物はそのままにしておいて。

「〜につれて」

Learning English becomes more and more difficult **as** we get older.
年をとるにつれて英語を学ぶのがどんどん難しくなる。

「〜すると同時に、〜しながら」

The phone rang *just as* I was leaving.　＊just as で同時性をさらに強調
出かけようとしたちょうどその時、電話が鳴った。

Let's talk **as** we walk.　歩きながら話そう。

「〜なので」（理由）　＊文脈から理由を表すことが明らかな場合のみに用いる。

As I was tired, I couldn't do housework.
疲れていたので、家事ができなかった。

(10) 分詞構文

> 分詞で始まる語のかたまりが副詞の働きをし、時、同時・連続の動作、原因・理由、条件・譲歩などの意味を表す。

時

Seeing me, the dog wagged its tail. 　私を見ると、その犬はしっぽを振った。
While **waiting** for her, I saw a famous singer.
　　彼女を待っている間に、私は有名な歌手を見かけた。
　　＊意味を明確にするために、分詞の前に接続詞を置くことがある。

同時・連続の動作

I usually walk this way **going** to school.
　　私はたいていこの道を歩いて学校へ行く。
My mother is cleaning the room **singing** a song.
　　母は歌を歌いながら部屋を掃除しています。
Taking out the book from her bag, she gave it back to him.
　　彼女はかばんから本を出して、彼に返した。

原因・理由、結果

Written in German, I couldn't read the book.
　　ドイツ語で書かれていたので、その本を読むことができなかった。
Not knowing what to do, I asked her. 　＊否定の場合
　　何をすべきかわからなかったので、彼女にたずねた。
Having worked all night long, he was very sleepy. 　＊主節より以前のこと
　　一晩中働いていたので、彼はとても眠かった。
The vase fell on the floor, **breaking** into [to] pieces. 　（結果）
　　花びんが床に落ちて、こなごなにこわれた。

条件・譲歩

Going around the corner, you'll see the restaurant.
　　角を曲がって行くと、そのレストランが見えるでしょう。
Admitting (that) she is an able woman, I still think she is selfish.
　　彼女がやり手であることは認めるが、それでも私は彼女は利己的だと思う。

> ☺ 条件・譲歩の分詞構文はあまり使われていない。

Step 9 基本を確かめよう

1 名詞・冠詞

(1) 名詞

普通名詞 数えられる名詞（形や区切りがある）
cat, pencil, house, apple, dish, table, book, day, week

集合名詞 人や物などの集合体

数えられる集合名詞 family, class, staff, team, audience, crew
He has a large family.　彼は大家族だ。（家族が大勢いる）
All my family *are* tall.　私の家族はみんな背が高い。
　＊構成員を意識するときは、複数扱いするのが普通

数えられない集合名詞　異なる種類の集合　＊常に単数形で単数扱い
furniture, baggage, clothing, jewelry, kitchenware, stationary

(数えられない集合名詞の数の表し方)
two pieces of furniture　家具2点,　two pieces of baggage　荷物2個

単数形で複数扱いする集合名詞
(the) police　（警官の集合体としての）警察　　people　人々
The police are looking into the case.　警察はその事件を調査中だ。
　＊1人の警官は a police officer, a policeman, a policewoman
Older people often complain about young people.
　年配者はよく若者のぐちを言う。

物質名詞　数えられない名詞（決まった形や大きさがない）
paper, water, wine, sugar, butter, bread, cheese, meat
(数の表し方)　a piece [sheet] of paper, a kilogram of meat

抽象名詞　数えられない名詞（具体的な形がない）
advice, freedom, happiness, information, kindness, news
(数の表し方)　a piece of information, a piece of news

固有名詞　人名、地名、特定のものの名前など
Keiko, Japan, Osaka, Mt. Fuji, Disneyland, Tokyo Dome

（2）冠詞

the　＊発音が母音で始まる語の前は [ði] と発音

|話し手と聞き手が共通認識できるもple|　　|特定の名詞|

○状況や文脈から何を指しているかわかるもの
　普通名詞、集合名詞、物質名詞、抽象名詞、いずれにも用いられる。
○唯一のもの　　the earth, the world, the east, the sea, the sky
○限定語句、最上級の付いた名詞　　the only ～, the same ～
　　the first ～, the last ～, the best ～, the biggest ～

|種類全体|　「～というもの」　　楽器、発明品、動物・植物　など
the violin, the computer, the radio, the lion

> 動植物に関しては無冠詞の複数形で表すのが一般的。
> 全体の中の任意の個体を意識して、a [an] ＋名詞 で表すこともある。

|the＋固有名詞|

　＊固有名詞は通常無冠詞だが、the をつけるものもある。
　the Pacific Ocean　（太平洋），　the Korean Peninsula　（朝鮮半島）
　the Eiffel Tower　（エッフェル塔），　the Olympics　（オリンピック）

（山脈・諸島・国・家族などのまとまり）
the Alps　　アルプス山脈　　　the Hawaiian Islands　　ハワイ諸島
the United States of America　　アメリカ合衆国
the Smiths　　スミス夫妻、スミス一家

|その他|

（単　位）　　sell pencils by the dozen　　鉛筆をダース単位で売る
　　　　　　rent a room by the week [month]
　　　　　　　週[月]ぎめで部屋を借りる
（体の部分）　hold him by the arm　　彼の腕をつかむ
（～の人々）　〈the＋形容詞[分詞]〉　＊複数扱い
　　　　　　　the injured　けが人　＝　injured people　　the young　若者
　　　　　　　the rich　金持ち　　the unemployed　失業者

> 国民全体を表して、the Japanese「日本人」　＝　Japanese people

Step9 基本を確かめよう

a [an]　＊発音が母音で始まる語の前は an

不特定の数えられる名詞の単数形

（普通名詞） an orange, a movie, a bicycle, a picture, a woman
（集合名詞） a family, a group, a team
（物質名詞、抽象名詞で数えられるもの）

○くぎりのあるもの

a beer, a coffee, a drink（飲み物）　＊容器に入っている場合
a cold（風邪）, a headache（頭痛）　＊特定の症状や期間が考えられる。
a slight pain（軽い痛み）, a good experience（よい経験）
　＊一時的な状態や具体的な事柄を表す。

○決まった形を持つもの、種類などを表すとき（製品や商品）

a paper（新聞）, a stone（小石）, a glass（グラス）, an iron（アイロン）
a French wine（フランス産のワイン）　＊two wines　2種類のワイン

a [an]＋固有名詞　「～という（名の）人、～のような人、～の製品、～の作品」

a Mr. Brown（ブラウンさんという人）, a Newton（ニュートンのような人）
a Millet（ミレーの絵）, a Toyota（トヨタの車）, a Sony（ソニーの製品）

「～につき」を表す　three times **a** day, once **a** week

無冠詞

無冠詞で表される名詞　　**特定の名詞ではない**

普通名詞の複数形（種類全体を表す）　dogs, flowers, snakes, boys, birds
物質名詞、抽象名詞、固有名詞

役職や機能・手段を表すとき

He is President Obama.　彼はオバマ大統領です。
　＊役職についている本人を表すときは the をつける。（「人物」を指す）
　　The president visited Japan.　大統領が日本を訪問した。
go to school, go to bed, by check, by train, on foot

> 「素材」の意味で使う potato, onion, chicken などや食事名（breakfast, lunch, dinner）、スポーツ名、学問名、対句なども無冠詞

2 代名詞

it 話し手と聞き手が共有している内容・状況を指し、実際に見える物を指すことはできない。

○天候・日時・距離、周囲の状況、漠然とした内容・状況などを指す。
○すでに出た単数の名詞、句、文や節の内容を指す。

　　She bought a nice ring. I like it very much.
　　　　　　　　　　↑ 彼女が買ったすてきな指輪

○形式主語や形式目的語として使う。

this / that　実際に見える物、聞き手がわかっている具体的な何かを指す。名詞を修飾する働きもある。

this　空間的・心理的に話し手に近いもの、自分の言ったことなどを指す。

This is my friend Hanako.　こちらは私の友達の花子さんです。
I want to be a singer. **This** is my dream.
　歌手になりたい。これが私の夢だ。

that　空間的・状況的に話し手から遠いもの、前に述べられたことなどを指す。

Look at **that** (mountain).　あれ（あの山）を見てごらん。
That's interesting.　おもしろいね。　＊相手が言ったことを指す。

（すでに出た〈the＋単数名詞〉の代わり）　＊〈the＋複数名詞〉は those

The population of Tokyo is larger than **that** of Osaka.
　東京の人口は大阪の人口より多い。

one

（すでに出た数えられる名詞の代わり）

　＊同一のものではなく同種類のもの（不特定のものや人）

Do you have a car? ⇒ No, I don't. I want to buy **one**.
　車を持っていますか？ ⇒ いいえ、持っていません。車を買いたいです。
I like yellow flowers better than red **ones**.
　赤い花より黄色い方が好きだ。
　＊ones は単独では使えない。形容詞などの修飾語を伴う。

the one(s)　修飾されたもの・人を表す。（特定のものや人）
What's wrong with **the one** you bought last month?
　先月あなたが買った物はどこが悪いのですか？

another / the other / the others / others

another 「もう1つ、もう1人、別のもの [人]」　＊形容詞としても使われる。

I don't like this hat. Could you show me **another** (one)?
　この帽子は好きではありません。別のを見せてもらえますか。

We have to walk **another** two kilometers.
　あと2キロ歩かなければならない。

the other (特定された2つのうちで)「もう一方の人 [物]」

One is white, and **the other** is black.　1つは白で、もう1つは黒です。

the others (特定された3つ以上のうちで)「それ以外の人たち [物] (すべて)」

Tom went home and **the others** went to the movies.
　トムは家に帰り、あとの者は映画を見に行った。

others (特定されていない複数のもののうちで)「他のいくつかの物・人」

Some people like cats, and **others** like dogs.
　猫が好きな人もいれば、犬が好きな人もいる。

both / either / neither　＊形容詞としても使われる。

both 「両方、両方とも」

I like **both** (of the cats).　私はどちら(の猫)も好きです。
Both of them are my coworkers.　彼らのどちらも私の同僚です。

either (2つのうち)「いずれか、どちらでも」「どちらも (〜でない)」

You can borrow **either** (book).　どちら[どちらか](の本)を借りてもいいよ。
Either of these books will be useful to you.
　この本のどちらでもあなたの役に立つでしょう。

I don't know **either** of her brothers.　彼女の兄弟のどちらも知らない。
I don't know **either** girl.　どちらの少女も知らない。　＊単数で表す。

neither (2つのうち)「どちらも〜ない」

Neither of my friends has [have] come yet.
　友達のどちらもまだ来ていない。

＊neither of 〜 の形が一般的。3人 [3つ] 以上の場合は none of 〜

> either, neither は通例単数扱いだが、口語では of 句の複数 (代) 名詞に引かれて複数扱いすることがある。

all / each / every (形容詞)

all　＊形容詞としても使われる。

[単数扱い]「(全体的に) すべて」

All is well with my plan.　計画はすべて順調だ。

[複数扱い]「(複数のもの) 全部」

All of the apples were rotten.　リンゴはすべて腐っていた。

All the students [**All** of the students] have to wear the uniform.
　すべての学生は制服を着なければならない。

All (of) my friends came to the party.　友達はみんなパーティーに来た。

The passengers were **all** safe.　乗客は全員無事だった。
　＊主語と同格の関係を表す all は通例、一般動詞の前、be 動詞・助動詞の後に置かれる。
　　(both も同様)

each　(ある特定のグループの)「おのおの、めいめい」　個別を表す
　＊2つ以上の人・物について用いる。形容詞としても使われる。

Each of the dishes in the box was wrapped with paper.
　箱の中のどの皿も紙で包まれていた。

I sent **each** of them a present.　彼らのそれぞれにプレゼントを送った。

every　＊代名詞ではなく、形容詞

(単数名詞を修飾して)「どの～も」　＊単数扱い　全体を表す

She loved **every** student in her class.
　彼女はクラスのすべての学生を愛した。

Every child has *their* good points.　どの子もみんな長所を持っている。
　　　　　　　　　└─ 複数形を用いることが多い。

比べてみよう

every time ～　「～するたびに (いつも)」　＊毎回同じ

Every time I see her, she looks happy.
　彼女に会うといつもうれしそうにしている。

each time ～　「～するたびに [毎回～するごとに]」　＊毎回異なる

Each time I see her, she wears different jewelry.
　会うたびに彼女は違うアクセサリーをつけている。

some と any ＊形容詞、代名詞として使われる。

some

☺ 存在を意識している場合は、some

「いくらか、多少」　＊不定の数や量を漠然とさす。

There are **some** good restaurants in the town.
町にいいレストランがいくつかあります。

Would you like **some** (wine)?　（ワインを）少しいかがですか。
　＊ものを勧めるような場合は相手が Yes ということを期待している言い方になるので some を用いる。

「ある〜、何かの〜」　（形容詞）
　＊詳しいことを知らないか言う必要がない、あるいは言いたくない場合などに用いる。

She is teaching English at **some** school in India.
彼女はインドのどこかの学校で英語を教えている。

Some woman told me.　ある婦人が私に言いました。

I left **something** in my room.　部屋に忘れ物をしました。
　＊something は代名詞「何かある物」

any

(疑問文)　「何か、どれか、だれか、少しでも」

Is there **any** butter in the refrigerator?　冷蔵庫にバターはありますか？

(否定文)　「どれも、だれも、少しも（〜ない）」

I don't have **any** money.　私は少しもお金を持っていない。

I haven't read **any** of his novels.　彼の小説のどれも読んだことがない。

(肯定文)　「どれでも、だれでも」

You can have **any** cake on the table.
テーブルのケーキはどれを食べてもいいです。

Any house is better than none [nothing].　どんな家でもないよりはいい。

I'll give you **anything**.　何でもあげよう。

(if 節)　「何か、少しでも」

If you have **any** money, would you lend me ***some***?
　　　　　　　　　　　　　　期待しているので some ↗
もしお金をお持ちでしたら、少し貸していただけますか。

3 動名詞と to 不定詞

(1) 動名詞

> 主語、目的語、補語、前置詞の目的語として用いられる。
> **すでにしたことや現在していること**などを表す。

My hobby is **listening** to music.　私の趣味は音楽を聴くことです。
My mother doesn't like *me [my]* **going** out with him.
　私の母は私が彼と付き合うのを好まない。

> 意味上の主語が代名詞の場合は**目的格**か**所有格**、名詞の場合は通例そのままの形を使う。動名詞が文の主語の場合、意味上の主語は**所有格**で表す。

The important thing is **not [never] telling** lies.　＊動名詞の否定形
　大切なことはうそをつかないことです。
He was proud of **having been** a baseball player.
　述語動詞より以前のこと　　　彼は野球の選手だったことを誇りにしていた。
　＊文脈から前後関係が明らかな場合は、having＋過去分詞 にしなくてもよい。
He doesn't like **being treated** like a child.　＊動名詞の受動態
　彼は子ども扱いされるのが好きではない。

(2) to 不定詞（名詞的用法）

> 主語、目的語、補語として用いられる。前置詞の目的語にはなれない。
> **これからのこと**を表す場合が多い。

My dream is **to be** a singer.　私の夢は歌手になることです。
I found it impossible **to buy** a house.　家を買うことは不可能だとわかった。
It's important *for* students **to study** hard.　＊for は意味上の主語を表す。
　学生が一生懸命勉強することは大切だ。
To walk is healthy exercise.　歩くことは健康によい運動です。
　＊Walking is healthy exercise. の方が自然。（実際している場合）
He told me **not [never] to give** up my dream.　＊不定詞の否定形
　彼は私に夢をあきらめないように言った。
I don't want **to be disturbed** while reading.　＊不定詞の受動態
　読書中はじゃまされたくない。

目的語が動名詞と不定詞で意味が異なる動詞

remember doing　「～したことを覚えている」
　I **remember posting** the letter.　手紙を投函したことを覚えている。
remember to do　「忘れないで～する」　＊これからすること
　I'll **remember to post** the letter.　忘れずに手紙を投函するよ。

forget doing　「～したことを忘れる」　＊通例疑問文・否定文で
　I'll never **forget visiting** Paris.
　パリへ行った時のことは決して忘れないだろう。
forget to do　「～するのを忘れる」
　Don't **forget to call** me.　電話するのを忘れないで。忘れずに電話して。

try doing　「試しに～してみる」　＊実際にした。
　I **tried jumping** over the puddle.　（試しに）水たまりを跳び越えてみた。
try to do　「～しようと試みる」　＊実際にしたかどうかは不明
　I **tried to jump** over the puddle (, but I couldn't).
　水たまりを跳び越えようとした（が、できなかった）。

stop doing　「～を［～するのを］やめる」
　He **stopped smoking**.　彼は喫煙をやめた。
stop to do　「～するために立ち止まる」
　He **stopped to smoke**.　彼はタバコを吸うために立ち止まった。

regret doing　「～したことを残念に思う、後悔する」
　I **regret telling** her a lie.　彼女にうそをついたことを後悔している。
regret to do　「残念［遺憾］ながら～する」
　I **regret to say** that she passed away.
　残念ながら彼女がお亡くなりになったことを申し上げねばなりません。

need doing　「～される必要がある」　＊受動的意味をもつ。
　This shirt **needs mending**.（＝This shirt needs to be mended.）
　このシャツは繕う（＝繕われる）必要がある。
need to do　「～する必要がある」
　I **need to mend** this shirt.　私はこのシャツを繕う必要がある。

4 時制の一致と話法

(1) 時制の一致

> 主節の動詞が過去形のとき、従属節の時制は過去を基準にして決める。
> ＊時制の一致は特別の事情がない限り自動的（無意識）に行われる。

例1　I **think** he **is** sick.　私は彼は病気だと思う。
　　　　　　　　　　　　　　⇐ 過去に思ったのなら
　　　　I **thought** he **was** sick.　私は彼は病気だったと思った。

例2　I **think** she **will** win.　私は彼女が勝つと思う。
　　　　　　　　　　　　　　⇐ 過去に思ったのなら
　　　　I **thought** she **would** win.　私は彼女が勝つと思った。

例3　I **think** he **told** a lie.　私は彼がうそをついたと思う。
　　　　　　　　　　　　　　⇐ 過去に思ったのなら
　　　　I **thought** he **had told** a lie.　私は彼がうそをついたと思った。
　　　　know, hear なども同様

時制の一致の例外

（変わることのない真理や事実、習慣、現在でも事実である場合などは現在形）

I learned that the earth **goes** around the sun.
　地球は太陽の周りを回っていると学んだ。

He told me Ann **lives** in Tokyo.　彼は私にアンは東京に住んでいると言った。
　　　　　　── 現在でも事実

　＊特に現在にこだわらないときは機械的に時制の一致を行う場合もある。

（歴史上の事実は過去形）

I heard that Lincoln **was** killed.　リンカーンは殺されたと聞きました。

（仮定法の場合、時制の一致は行わない）

I **wish** I **could** speak English.　→　I **wished** I **could** speak English.
　英語が話せたらなあ。　　　　　　　　　英語が話せたらなあと思った。

> 時制の一致をする場合、should, must など過去形のない助動詞はそのままの形でよい。

(2) 直接話法と間接話法

> 直接話法はどのように言ったかをそのまま表し、間接話法は何を言ったか「言った内容」を、伝える人の視点・時点でとらえて表す。

例1 He said, "**I'm** happy."　彼は、「幸せだ。」と言った。

　　　　He said (that) **he was** happy.　＊時制を一致させる。

例2 He said to me, "**I bought** a watch yesterday."
　　　　　　　　　　　彼は私に「昨日、腕時計を買った。」と言った。
　　　　He told me (that) **he had bought** a watch the day before.

時・場所を表す語句の比較

直接話法		間接話法
here	→	there
now	→	then
this morning	→	that morning
today	→	that day
tomorrow	→	the next day, the following day
next week	→	the next week, the following week
yesterday	→	the day before, the previous day
last night	→	the night before, the previous night
(three days) ago	→	(three days) before

（同じ意味になるように変換）

He said to me, "**Come here.**"　彼は「ここへ来て。」と言った。

（話し手が**その場所**で伝える場合）　He told me to come **here**.
（話し手が**違う場所**で伝える場合）　He told me to go **there**.

He said to me, "I'll see you **tomorrow**."　彼は「明日、会おう。」と言った。

（翌日に伝える場合）　He told me (that) he would see me **today**.
（翌日の後に伝える場合）
　　He told me (that) he would see me **the next day**.

Step9 基本を確かめよう

> 気をつけたい変換例

> 疑問

He said to me, "Are you ready to leave?"　＊Yes / No 疑問文
　⇒ He **asked** me **if [whether]** I was ready to leave.
　　　彼は私に出かける用意ができているかどうかたずねた。
I said to him, "How did you find the job?"
　⇒ I **asked** him **how** he had found the job.
　　　私は彼にどのようにして仕事を見つけたかたずねた。

> 命令・指示　（tell + 人 + to 不定詞）

He said to me, "Take a bus."
　⇒ He **told** me **to** take a bus.　彼は私にバスに乗るように言った。
　　＊否定の命令は〈not + to 不定詞〉、強い命令は tell の代わりに order を使う。
　　> 助言や忠告の場合は advise + 人 + to 不定詞

> 依頼　（ask + 人 + to 不定詞）

I said to him, "Please carry my baggage."
　⇒ I **asked** him **to** carry my baggage.
　　　私は彼に荷物を運ぶように頼んだ。

> 提案・勧誘

He said to me, "Let's take a break."
　⇒ He **suggested** to me that we (should) take a break.
　　　彼は私にひと休みしようと提案した。

 suggest, talk, speak, say, demand などは、〈動詞 + 人 + to 不定詞〉の形がとれない。　×He suggested me to take a break.

> and や but でつなぐ文

　　＊and, but の後は、that 節で表す。接続詞の後の that は省略できない。
He said, "I'm very tired, **but** I will finish the work."
　⇒He said (that) he was very tired, **but** *that* he would finish the work.
　　　彼はとても疲れているが、その仕事を終わらせると言った。

5 強調・省略

(1) 強調

|強調に使われる語句・表現|

This is the **very** book I wanted to get.
　これは**まさに**私がほしかった本だ。
What **in the world** do you mean?　**いったいぜんたい**何を言いたいんだ。
What **on earth** are you doing?　あなたは**いったい**何をしているんだ。
I **did** see a UFO.　UFO を見たんだよ。　＊did を強く言う。
What I want is to live calmly.
　私が望んでいるのは、静かに暮らすことです。
All you have to do is (to) call the office.
　事務所に電話するだけでいいのです。

|強調構文|

〈It is [was] 〜 ＋ that 節〉の形で 〜 の語句を強調する。

It is this bag that I was looking for.
　私がさがしていたのはまさに このかばん です。
It was John that [who] broke the window.
　窓ガラスを割ったのはなんと ジョン だった。
　　＊強調される名詞が人の場合は who を用いてもよい。
What **is it that** you really want to know.　＊疑問詞を強調する場合
　あなたが本当に知りたいのはいったい何ですか？

(2) 省略　＊なくても意味や意図がわかる語句は省略されることが多い。

This bicycle is my brother's (**bicycle**).　この自転車は兄のものです。
You can use my dictionary if you want to (**use my dictionary**).
　もし使いたければ私の辞書を使っていいよ。
Though (**she was**) tired, she went on working.
　彼女は疲れていたが、働き続けた。
If (**it is**) necessary, you can use my computer.
　もし必要なら、私のパソコンを使ってもいいよ。
I wanted to help him, but I couldn't (**help him**).
　私は彼を助けたかったが、助けられなかった。

Step 10 動詞・前置詞を使いこなそう

1 動詞

1. have 〔基本義：物・状態・状況を持っている〕

所有している、手に入れる

人

I **have** a daughter [good friends].　私には娘［よい友達］がいます。
We're **having** three guests tonight.　今晩3人の来客がある。

物

I **have** a good dictionary.　私はよい辞書を持っている。
He **has** an imported car.　彼は外車を持っている。

動物・植物

I **have** a cat.　私は猫を飼っています。
She **has** a lot of flowers in her garden.
　彼女は庭でたくさんの花を育てている。

食べ物・飲み物　＊eat, drink の上品な言い方

I **had** sandwiches for lunch.　昼食にサンドイッチを食べた。
I **had** (some) coffee after lunch.　昼食後にコーヒーを飲んだ。

病気・症状

I **have** a cold [the flu].　風邪をひいている［インフルエンザにかかっている］。
I **have** a pollen allergy.　花粉症です。　＊hay fever ともいう。（無冠詞）
I **have** a stomachache. / I **have** a pain in my stomach.　胃が痛む。
I **have** [feel] a chill.　寒気がする。　I **have** a slight fever.　微熱がある。
I **have** good [no] appetite.　食欲がある［ない］。

身体的特徴・性格

He **has** [wears] a beard.　彼は（あご）ひげを生やしている。
She **has** short hair.　彼女は短い髪をしている。
She **has** a good [nice] figure.　彼女はスタイルがいい。
　＊男性の場合は He has a nice build.
She **has** a good charactor.　彼女は性格がよい。

感情・考え・能力

I **have** a good idea.　いい考えがある。
I **have** no objection to your plan.　あなたの計画に異議はありません。
She **has** a good sense of humor [rhythm].　⇔　a poor sense of 〜
　彼女はユーモアを解する心がある［リズム感がいい］。
She **has** no sense of direction.　彼女は方向音痴だ。
She **has** good taste in clothes.　彼女は服の好みがいい。
He **has** an unusual talent for music.　彼は非凡な音楽の才能を持っている。
You **have** a good [bad, poor] memory.
　あなたは記憶力がいい［悪い］ですね。
I **have** good [poor] eyesight.　私は視力がよい［弱い］。
She **has** a weakness for sweets.　彼女は甘いものに目がない。

関係・影響

I **have** *nothing* to do with it.　私はそれと無関係です。
　＊something, anything, much, little など関係の度合いを表す語が入る。
We **have** a good relationship.　私たちはよい関係です。
He must **have** (some) pull with the company.　＊pull「つて、手づる」
　彼はその会社にコネがあるにちがいない。
That book **has** a bad influence on [×to] children.
　あの本は子供に悪い影響を与える。
This medicine **had** no effect on me.　この薬は私には効果がなかった。

時間・予定・機会、経験・行動

I **had** a good time playing golf.　ゴルフをして楽しい時間を過ごした。
I **have** an appointment [a reservation] (for 5:00).
　（5時に）予約しています。
　　＊ホテル、レストランなどの部屋や席などの予約は reservation
　　　（面会の）約束、（医師・美容院などの）予約は、appointment
I **have** an English lesson today.　今日、英語のレッスンがあります。
We **had** a lot of rain last summer.　去年の夏は、たくさん雨が降った。
I **had** a good chance to speak English.　英語を話すよい機会があった。
I **had** a very nice experience.　私はとてもよい経験をした。
I **had** a big operation last month.　私は先月大きな手術をした。

┌───┐
│ (have ＋ a ＋ 動詞から派生した名詞)   │
│ 〈ある行為・行動〉を行なう，する．単一の動詞を用いるより口語的 │
└───┘

I **had** a quarrel [fight] with her.　彼女とけんかした。
　＊quarrel は主に口げんか

Did you **have** a good sleep?　よく眠れましたか？　＝ Did you sleep well?
have a talk　話をする　　**have** a chat　おしゃべりする
have a try　やってみる　　☆ Let's **have** a try.　やってみましょう。
have a dream　夢をみる
have [take] a shower　シャワーを浴びる
have [take] a bath　ふろに入る
have [take] a rest　（特に体を使った後）ひと休みする
have [take] a drink　一杯飲む　　**have** [take] a taste　味見をする
have [take] a bite　ひと口食べる
☆ Can I **have** a bite?　ひと口もらえる？

(無生物が主語の場合)

This coat **has** no pockets.　この上着にはポケットがない。
Does this room **have** a good view?　この部屋はいい眺めですか？
This book **has** a lot of good examples.
　この本にはたくさんのよい例が載っています。

〜させる、〜してもらう　（使役）

| **have**＋〈人〉＋動詞の原形 |

I'll **have** a porter carry this luggage.
　ポーターにこの荷物を運んでもらおう。
I **had** my son pick me up at the station.
　息子に駅まで迎えに来てもらった。
I **had** him fix the roof.　彼に屋根を修理してもらった。
Could you **have** him call me back?
　彼に折り返し電話させていただけますか。

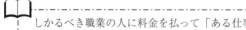
┌───┐
│ しかるべき職業の人に料金を払って「ある仕事・サービスをさせる［してもらう］」， │
│ あるいは目上の者が目下の者に「…させる」という文脈で用いるのが基本的用法． │
└───┘

～してもらう、～させる、～される、～してしまう

have ＋〈物・事〉＋過去分詞

「～してもらう、～させる」（使役）

I **had** [got] my camera repaired.　カメラを直してもらった。
I **had** a bad tooth pulled out.　（歯医者で）虫歯を抜いてもらった。
I **had** [got] my hair cut.　髪を切ってもらった。
 ＊I had [got] a haircut. の方がよく使われる。

> get は「働きかけ」を強調、have は「結果の確保」を強調

Can I **have** this delivered?　これを配達してもらえますか。
I'd like to **have** this delivered.　これを配達してもらいたいのですが。

> I'd like to have O done. / Can [Could] I have O done? は
> 店頭で何かを依頼する時に頻用される文.　＊O は目的語

「〈自分の物〉を～される」（被害）

> 犯罪・災害による被害をいう；主語に何らかの責任の含みがある
> 場合は get O done がふつう

He **had** [got] his wallet stolen.　彼は財布を盗まれた。
 ＊Someone stole his wallet. の方が自然

「〈物・事〉をしてしまう」（完了）

I **had** my work finished before five.　5時までに仕事を終わらせた。
 ＊I finished my work の方が普通

～にする、～させる、～させておく

have ＋〈人・物〉＋形容詞・副詞・分詞　＊〈人・物〉をある状態で持つ。

I'll **have** breakfast ready.　朝食を準備しておこう。　＊完了を意味する。
I **had** the door half open.　私はドアを半分開けておいた。
He **had** the water running in the bathtub.
　彼は浴槽に水を出したままにしていた。

I **have** a taxi waiting for me.　私はタクシーに待ってもらっている。

2. get 〔基本義：得る・ある状態になる〕

得る、手に入れる

＊have は「持っている」状態を表すが、get は**変化や働きかけ**が感じられる。

物・人・事

I **got** a letter from a friend of mine.　友達から手紙をもらった。
She **got** a present for her birthday.　彼女は誕生日にプレゼントをもらった。
I **got** a driver's license.　運転免許を取った。　＊took だと盗んだことになる。
I'll go (and) **get** a doctor.　医者を呼んで来ましょう。
  ＊I'll get a doctor. も可
get [answer] the phone　（かかってきた）電話をとる
She **gets** [has] good grades.　彼女は成績がいい。
  ＊具体的な点数は mark。 She got a good mark.　いい点数をとった。
I'll **get** you a cup of tea.　あなたにお茶を1杯持って来ます。
  ＝I'll **get** a cup of tea *for* you.

(get＋人＋物　と　get＋物＋for＋人)

buy 型の動詞 (buy, make, cook, get, leave, choose など) の場合は、その動作自体は相手に直接関係していないので、方向を表す **for** を使う。

Could you **get** me the book?　本を持って来てもらえますか。

> give は渡す行為を表し、get は渡す前に何らかの行動が必要な場合に用いる。

I **got** a refund.　払い戻しをしてもらった。
get a raise　昇給する　　**get** a transfer　転勤になる
get a discount　割り引きしてもらう　　**get** delivery　配達してもらう
get [have] a haircut　散髪する（散髪してもらう）
get permission (to use it)　（それを使う）許可を得る　（許可してもらう）

考え・印象・感情

get an idea　ある考えが浮かぶ
get the impression that ...　…という感じがする、…という印象を持つ

行動

get (some) rest　（少し）休む、休息する
get (some) exercise　（適度な）運動をする　＊《英》ではしばしば take

Step10 動詞・前置詞を使いこなそう

| 病気・けが | ＊「〜になる」という動き・変化を含意

get a headache　頭が痛くなる　　**get** a broken leg　脚を骨折する
get the flu　インフルエンザにかかる　　**get** pneumonia　肺炎にかかる
Ann **got** a cold from her son.　アンは息子に風邪をうつされた。

| 理解 | ＊（理解して）得る → 「聞き取る、習得する、理解する」

Did you **get** the location?　場所はわかりましたか？
get the trick [knack] of cooking　料理のこつを覚える

〜させる、〜してもらう、〜にする

| **get**＋〈人・物〉＋to 不定詞 | ＊使役の場合は説得などの「働きかけ」を含意

I'll **get** her to take care of my dog.
　彼女に犬の世話をしてもらおう。（使役）

Get him to clean the room.　彼に部屋を掃除させなさい。（使役）

I can't **get** my computer to start.
　コンピュータを起動させることができない。

〜してもらう、〜させる、〜される、〜してしまう

| **get**＋〈物・事〉＋過去分詞 |

「〜してもらう、〜させる」（使役）

I **got** my shirt ironed by my mother.　　*have に比べ、時間と労力を要する*
　母にシャツにアイロンをかけてもらった。　　*ことについて用いることが多い。*

I **got** [had] my eyesight checked.　視力を検査してもらった。

「〈自分の物〉を 〜される」（被害）

I **got** [had] my bag caught in the train doors.
　かばんを電車のドアにはさまれた。
　＊get は特に自己の不注意などで引き起こした事故や不幸をいう場合に好まれる。

「〈物・事〉をしてしまう」（完了）

get [have] the work done　仕事を終わらせる　＊finish the work の方が普通

〜（の状態）にする

| **get**＋〈人・物〉＋形容詞 |

I'll **get** dinner ready soon.　すぐ夕食を準備します。　＊とりかかりを意味する。
I **got** my son ready for school.　息子に学校へ行く支度をさせた。

～になる、～される　（自動詞）

> 自動詞は目的語を必要としない。

get＋形容詞・形容詞化した過去分詞

「（自然に・自分の意志で）～（の状態）になる」

get cold [warm]　寒く［暖かく］なる
get old　年をとる　　**get** senile　ぼけてくる
get well　よくなる　　**get** sick　病気になる
get better [worse, bigger]　よりよくなる［悪くなる，大きくなる］
get carsick　車に酔う　＊I'm carsick. は、酔っている状態をいう。
get angry　怒る　　**get** restless　そわそわする
get tired　疲れる　　**get** excited　興奮する
get drunk　（酒に）酔う　　**get** lost　迷う

> get は一時的な状態を表す場合にのみ用いられ、永続的な状態を表す場合は become を用いる。　She became [×got] tall [famous, pretty].
> 　＊進行形では get も可能　She is **getting** tall.　彼女は背が伸びている。

get＋過去分詞　［受動態の一種］　「〈人・物が〉～される」

get hurt [punished, arrested]　けがをする［罰せられる，逮捕される］
get fired　くびになる
get promoted　昇進する
get [be] caught in a traffic jam　交通渋滞に巻き込まれる
get [be] caught in the rain　雨に降られる

get to do　「～するようになる」

　＊do は know, feel, like, realize など状態を表す動詞
We **got** [came] **to know** each other.　私たちは互いに知り合いになった。
　＊会話では、get acquainted よりよく使う。

着く、達する　（自動詞）

I **got** home late last night.　昨夜遅く家に帰った。
What time do we **get to** Tokyo?　東京には何時に着きますか？
　＊船や飛行機で長い旅をした時は arrive at が好まれる。
get to a certain stage　ある段階に達する

熟語・用例

get along　「仲よくやっていく、なんとかやっていく」
I'm **getting along** with him.　私は彼とうまくやっています。
I can **get along** without your help.
　私はあなたの手助けなしでもなんとかやっていけます。

get back　「取り返す［戻す］」
I **got back** a lost watch.　なくした時計が戻った。

get behind　「遅れる」
We **got behind** with our work.　私たちは仕事が遅れた。

get into　「〈場所〉の中へ入る、〈車など〉に乗り込む」
get into the house through the window　窓から家の中へ入る
　＊何らかの困難を伴うことが含意される。目的語がない場合は、**get in**
get into the car [taxi]　車［タクシー］に乗り込む
　＊バス、電車、飛行機、船などの大きな乗り物には **get on**

> get into a car は単に「乗り込む」意にすぎないが、get in a car は「乗って（どこかに）行く」場合に用いることが多い。

get in touch（with ～）　「（～と）連絡をとる」
We can **get in touch** with him on the Net.
　私たちは彼とインターネットで連絡をとることができる。

get off　「降りる、〈物〉を取りはずす、〈服など〉を脱ぐ」
get off the bus [train, plane, ship]　バス［電車，飛行機，船］を降りる
　＊get out of the taxi [car]　タクシー［車］を降りる
get off at the next station　次の駅で降りる
get the cover **off** / **get off** the cover　そのふたを取りはずす
　＊目的語が代名詞の場合は get ＋代名詞＋ off の語順　×get off it

get over　「立ち直る、回復する」
I cannot **get over** the shock.　私はそのショックから立ち直れない。
get over a [one's] cold　風邪が治る

3. make 〔基本義：あるものを別の形・状態にする〕

作る

物、友達、場所など

make a meal　食事を作る　　**make** breakfast　朝食の準備をする
I'll **make** sandwiches for lunch.　昼食にサンドイッチを作ろう。
make coffee　コーヒーを入れる
make [build] a doghouse　犬小屋を作る
She **made** him a new sweater .　彼女は彼に新しいセーターを作った。
　＝ She **made** a new sweater for him .
　　＊前者は「何を」、後者は「誰に」作ったかに焦点を当てた表現
She **made** the strawberries into jam.　彼女はいちごをジャムにした。
She **made** jam from the strawberries.　彼女はいちごでジャムを作った。
make sauce *with* red wine　赤ワインを使ってソースを作る
　＊with は材料・成分を表す。
This desk is **made** *of* wood.　この机は木でできている。　＊目でわかる場合
Cheese is **made** *from* milk.　チーズは牛乳から作られる。
　＊通例材料がもとの形状をとどめない場合

make a plan　計画を立てる　　**make** a budget　予算を立てる
make a poem　詩を作る　　**make** laws　法律を作る［制定する］
make friends (with 〜)　（〜と）友達になる
　＊make a new friend　「新しい友達をつくる」
Will you **make** room for me?　私に場所をあけてくれませんか。
　＊この場合の room は「空間、場所」

「〈金など〉を得る、もうける」

make (a lot of) money　お金を（たくさん）もうける
make a million yen a month　月に100万円稼ぐ
She **makes** her living as a writer.　彼女は作家として生計を立てている。
make a profit　利益を得る、もうける　⇔　make a loss　損失を出す

〈事〉を引き起こす、生じさせる　（状態、状況）

make a fire　火をおこす　　**make** a noise　物音をたてる
make a scratch on the table　テーブルにひっかき傷をつける
make trouble for 〈人〉　〈人〉を困らせる

行う、する （行動）

make an effort [efforts]　努力する
make progress　進歩する、上達する
make a reservation (for a room)　（部屋の）予約をする
make a (phone) call　電話をかける
make a (good) speech　（いい）演説をする
make [do] a U-turn　Uターンをする
make [take] a detour　遠回りをする
make [take] notes [a note] of [《米》on] a lecture　講義を書き留める
make a wish　願いごとをする　　**make** a decision　決定する
make an excuse (for being late)　（遅刻の）言い訳をする
Can I **make** a suggestion?　提案してもいいですか。

～させる （使役）

＊人が主語の場合は通例強制的、物・事が主語の場合は非強制的な場合もある。

make＋〈人〉＋動詞の原形

I'll **make** him weed the garden.　彼に庭の草ひきをさせよう。
She **made** her son tidy his room.　彼女は息子に部屋を片付けさせた。
He **made** me wait for a long time.　彼は長い間、私を待たせた。
The pill **made** him sleep.　その錠剤で彼は眠ってしまった。
Her jokes **made** us laugh.　＊ある状況や理由でそうさせられた。
　彼女の冗談が私たちを笑わせた。→　彼女の冗談で笑った。

～にする

make＋〈人・物・事〉＋名詞・形容詞・過去分詞

This movie **made** him a star.　この映画は彼をスターにした。
You **make** me nervous [happy].
　あなたは私をいらいらさせる［幸せにする］。
That movie **made** me happy.　あの映画を見て幸せな気持ちになった。
Working overtime always **makes** me tired.
　残業はいつも私を疲れさせる。→　残業はいつも疲れる。
I **made** *it* clear *that* he was wrong.
　彼が間違っていることを明らかにした。
　＊it は形式目的語。that 節の内容を指す。

Let's meet at two.　2時に会いましょう。
　⇒ No, **make** *it* three.　いや、3時にしましょう。
　＊it は直前の発話、又はその一部を指す。

I haven't **made** it known to my boss yet.
　まだそれを上司に知らせていない。

I couldn't **make** myself understood in English.
　私の英語は通じなかった。

～になんとか間に合う、～を達成する

We can still **make** the 9:30 train.　まだ9時30分の電車に間に合うよ。
Did you **make** the concert?　コンサートに間に合った？
make the deadline　締め切りに間に合う
make it　成功する、うまくやる、出席する、都合をつける
　＊it は漠然と目標を指す。

熟語・用例

make sure　「確かめる、念を入れる」
I'd like to **make sure** of my reservation.　予約を確かめたいのですが。
You should **make sure** of the facts.　事実を確かめた方がいいよ。
「確実に～する」　**Make sure** (that) you post the letter.
　　　　　　　　必ず手紙を投函してね。

make fun of　「～をからかう」
Don't **make fun of** children.　子供をからかってはだめですよ。

make ends meet　「収入内でやりくりする、収支を合わせる」
It's hard for me to **make ends meet**.　やりくりするのは大変です。

make it a rule to do　「～するように心がけている、～するのが常である」
I **make it a rule to** go for a walk every morning.
　私は毎朝散歩することにしている。　＊always (try to) do の方が普通

make up　「仲直りする、埋め合わせをする、～をでっちあげる」
He **made up** with Nancy.　彼はナンシーと仲直りした。
I'll **make up** for it.　この埋め合わせはします。
He **made up** an alibi.　彼はアリバイをでっちあげた。

4. take 〔基本義：つかみ取る〕

持って行く、連れて行く ＊話し手や聞き手の所から他の場所に行く。

[take + 〈物・人〉(+ 場所)]

Take your camera (with you).　カメラを持って行きなさい。
I have to **take** my son to the doctor.
　息子を医者へ連れて行かなければならない。
Take me to this address, please.　（タクシーで）この住所までお願いします。
This bus **takes** you to Narita.　このバスに乗ると成田へ行けます。

[bring]　「〈話し手や聞き手の所に〉持って来る [行く]、連れて来る [行く]」

～に乗って行く、～を利用する

[take + 〈乗物〉(+ 場所)]

I **take** the bus to work.　バスで通勤しています。
I'd like to **take** a taxi [bus, train].
　タクシー [バス，電車] に乗りたいのですが。
I **took** the wrong bus.　バスを間違えてしまった。
Let's **take** the freeway.　高速道路で行こう。

必要とする、かかる　　　　お金がかかる場合は通例 cost

[〈it・物・事〉+ take (+ 人) + 〈時間を意味する語〉]

Weeding the garden **took** me two hours.　庭の草ひきに2時間かかった。
The novel **took** him two years to write.
　彼はその小説を書くのに2年間かかった。
It **took** two years for him to write the novel.　同上
　＊結果として2年間がかかったことを客観的に表す。（以下ジーニアス）
It **took** him two years to write the novel.
　彼がその小説を書き上げるのに2年間もかかってしまった。
　＊行為者の長い苦労を含意する。

[〈人〉+ take + 〈時間を意味する語〉]

He **took** two years to write the novel.
　彼はその小説を書くのに2年の年月を**かけた**。
　＊人を主語とすると、その人が意図を持って一定時間を費やす場合をいう。

〈物・事・行動〉をとる

She **took** a wallet from her bag.　彼女はバッグから財布を取り出した。
I have to **take** medicine three times a day.
　　私は1日に3回、薬を飲まなければいけない。
Don't **take** too much salt.　塩分を取り過ぎないで。
What newspaper do you **take** [get]?　何新聞をとっていますか？
take an exam　試験を受ける
　　＊**have** a job interview　「就職の面接を受ける」
Can I **take** a message?
　　伝言をとってもいいですか。→ 伝言をうかがえますか。
I **took** a day-off.　私は1日休暇をとった。
He **took** (the) responsibility for the accident.
　　彼はその事故の責任をとった。
I **took** a lot of [lots of] pictures.　私はたくさん写真を撮った。
　　＊主語になる場合を除いて通例 many は否定・疑問文で使われる。
take one's temperature [blood pressure, pulse]　熱［血圧，脈拍］を計る
I **took** a shortcut to school.　私は学校まで近道をした。
take one's advice　〜の忠告［助言］に従う
take a walk　散歩する　＊go for a walk の方がよく使われる。
take a trip　旅行する
take a deep breath　深呼吸をする、ほっとひと息つく
take [have] a nap　昼寝をする　＊「つい居眠りする」は doze off
take [have] a break　ひと休みする、ひと息入れる
take [have] a rest　（特に体を使った後）ひと休みする
take [《主に英》have] a bath　入浴する
take [《主に英》have] a shower　シャワーを浴びる
take [《主に英》have] a look (at this)　（これを）ちらりと［ちょっと］見る
take [have] a taste　味見をする　　**take** [have] a seat　座る
take [have] a vote　多数決をとる、投票で決める
take [make] notes [a note] of [《米》on] a lecture　講義を書き留める

　　take ＋ a [an] ＋動詞 から派生した名詞
　　通例1回で完結する行為を表し、**行為への積極的なかかわりを含意する**。

熟語・用例

take part in　「〈催し物・大会など〉に参加する」
I **took part in** a marathon.　私はマラソンに参加した。

take place　「起こる、行われる」
　＊予定された事が起こる場合に用いることが多いが、偶然起こる場合にも用いる。
The game **took place** on schedule.　試合は予定通り行われた。
　＊予期しない事が起こる場合は happen

take one's time　「ゆっくり［のんびり，自分なりのペースで］やる」
Please **take your time**.　ゆっくりしてくださいね。
Take your time with your homework.　ゆっくり宿題をしてね。

take it easy　「のんびりやる、あまり力まない」
I want to **take it easy** for a while.　しばらくのんびりしたい。

take after　「〈人が〉〈親など〉に似ている」
　＊resemble より口語的。目的語は血縁関係のある主語より年上の人。
He **takes after** his father.　彼は父親に似ている。

take back　「取り消す、〈借りた物〉を返す」
I'll **take** it **back**.　それを撤回します。
take the book **back** to the library　図書館に本を返す　＊持って行く。

take off　「〈衣類・靴など〉を脱ぐ、〈めがねなど〉をはずす、離陸する」
Take off your shoes.　靴を脱ぎなさい。　＊代名詞の場合は、take it off
take off one's coat [hat]　コート［帽子］を脱ぐ
Our plane **took off** ten minutes late.
　私たちの飛行機は10分遅れで離陸した。

take out　「取り出す、持ち出す」
I **take out** the garbage twice a week.　1週間に2回ごみを出します。

take over　「引き継ぐ」
He'll **take over** his father's business.　彼は父親の商売を引き継ぐだろう。

take turns　「交替でする」
We **took turns** driving [to drive].　私たちは交替で運転した。

5. give

与える、あげる、渡す

物、時間、お金、チャンス、病気、名前や住所（言う）、行動

I **gave** her a book. / I **gave** a book *to* her.　私は彼女に本を渡した。

(give＋人＋物　と　give＋物＋to＋人)

give 型の動詞 (give, send, show, tell, teach, pass, hand, lend など) の場合はその動作が相手に直接関係しているので、到達点を表す to を使う。

(to＋人 にした方がよい場合)　＊buy 型の動詞の場合 (for＋人) も同様

○「〜を」が代名詞　He gave it to me.
○「〜に」にあたるものに修飾語がついて長くなっている。
　　She gave some food **to** everyone who was hungry.
○相手を強調するために「(人) に」にあたるものを文末にまわす。

---

give a tip　チップを渡す
I'll **give** you one day to decide.　決めるのに１日あげるよ。
Give me one more chance.　もう一度だけチャンスを与えてください。
Will you **give** me a receipt?
　　領収書を渡してもらえますか。→ 領収書をください。
She **gave** her coat to the clerk.　彼女は店員にコートを渡した。
Could you **give** me your name and address?
　　名前と住所を言ってもらえますか。
give water to flowers　花に水をやる
give [donate] blood　献血する
give（人）a big shock　大きなショックを与える
He **gave** us a lot of trouble.　彼は私たちにたいへん面倒をかけた。
You've **given** me your cold.
　　あなたは私に風邪をうつした。（あなたにうつされた）
He **gave** me his ticket for 5,000 yen.
　　彼はチケットを5000円で私に譲ってくれた。
I **gave** 100,000 yen for that painting.　私はその絵に10万円払った。
The noise **gives** me a headache.　騒音で頭痛がする。

give 〈人〉permission　許可する
give 〈人〉a discount　値引きする
give 〈人〉some advice　助言をする
give a lecture　講義［講演］をする
give [make] a presentation at the conference
　会議でプレゼン（口頭発表）を行う
give [make] a speech　スピーチをする
Please **give** me a call.　私に電話をください。
give 〈人〉a ride　車に乗せる　　　**give** 〈人〉a hand　手伝う
give 〈人〉a hug　抱きしめる　　　**give** 〈人〉a smile　ほほえむ
give 〈人〉a push　ひと突き［押し］する

熟語・用例

give back　「〈人〉に〈物〉を返す」

give him **back** the book ／ **give** him the book **back**　彼に本を返す
give the book **back** to Hanako　花子に本を返す

give in　「提出する、降参する」

give [hand] the homework **in** to the teacher　先生に宿題を提出する
　＊give [hand] in the homework でもよい。
The enemy finally **gave in**.　敵はついに降参した。

give off　「〈煙・におい・光・熱・音など〉を発する」

give off steam　湯気を立てる、湯気が出る
give off a strange [strong] smell　変な［強い］においを発する

give up　「あきらめる、やめる、降参する」

I **give up**.　もうやめた。もうまいった。
　＊なぞなぞ・質問の答えがわからないときの言葉
give up smoking　タバコをやめる
　＊give up doing は「していたことをやめる」という意味
give up the plan to go to Paris　パリへ行く計画をあきらめる
　＊これからすることをあきらめるという場合

6. come 〔基本義：話し手の所または聞き手の所へ移動する〕

来る、行く、着く、達する、現れる

I'll **come** to the party.　パーティーに行きます [出席します]。
　　＊聞き手の主催か、出席予定のパーティー

Please **come** to my office as soon as possible.
　　できるだけ早く私の事務所に来てください。

Would you like to **come** with me?　一緒に行きませんか。

I'm **coming**.　今、行きます。　＊相手の所へ行く。

He **came** running to me.　彼は走って私のところへやって来た。

May I **come** in?　入ってもよろしいですか。

Come and see me. / **Come** see me.　遊びに来てください。
　　＊命令文で to 不定詞を使うのは避けられる。Come to see me. は不自然（ウィズダム）

I **came** from Kyoto.　京都から来ました。

I **come** from Osaka.　大阪出身です。　＊出身地は、常に現在形で表現

What time does the next train [bus] **come**?
　　次の列車 [バス] は何時に着く [来る] のですか？

My order hasn't **come** yet.　注文したものがまだ来ないのですが。

Does it **come** with a salad?　それにはサラダはついてきますか？

Spring has **come**.　春が来た。　＊Spring is here. も同様の意味

The bill **comes** to 5,000 yen.
　　勘定は全部で5000円になります。

Her hair **comes** (down) **to** her shoulders.　彼女の髪は肩まである。

come to light　〈事が〉明るみに出る、知られるようになる

come (back) **to** life　意識を取り戻す、生き返る

come to an end　終わる

　　☆ All good things **come to an end**.
　　　　よいことにもすべて終わりは来るものだ。

come to the conclusion that ...　…という結論に達する

come into fashion　はやり出す　⇔　go out of fashion　はやらなくなる

「〈考えなどが〉心 [頭] に浮かぶ」

Suddenly an idea **came to me**.　突然ある考えがひらめいた。

An answer **came into my mind** at once.　すぐにある答えが浮かんだ。

ある状態に至る

come ＋ 形容詞・分詞　「〜になる」

My dream has **come** true.　私の夢が実現した。
The doorknob has **come** loose.　ドアの取っ手がゆるんできた。
The situation will **come** right someday.　状況はいつかよくなるでしょう。
　＊come right　よくなる、好転する　⇔　go wrong　うまくいかない

come to do　「〜するようになる」

　＊do は know, understand, like, love など状態を表す動詞

I've **come to** like English.　私は英語が好きになってきた。
I **came to** know him at college.　大学で彼と知り合った。
Gradually I **came to** understand her feelings.
　私は徐々に彼女の気持ちがわかるようになった。

熟語・用例

come across　「〈（ふだん見かけない）人・物〉に（偶然）出くわす」

I **came across** my old coworker by chance.　偶然昔の同僚に出くわした。

come along　「ついてくる、一緒に来る［行く］」

Why don't you **come along** (with us)?　（私たちと）一緒に行きませんか。

come down　「〈価格・費用・温度などが〉下がる」

The price of gold will soon **come down**.　金の価格はまもなく下がるだろう。

come out　「〈花が〉咲く、〈真実などが〉知られる、〈本などが〉出版される」

The cherry blossoms have **come out**.　桜の花が咲いた。
The truth will **come out**.　事実が明るみに出るだろう。
When is the book **coming out**?　その本はいつ出版されるの？

come over　「やって来る」

Will you **come over** this weekend?　この週末にいらっしゃいませんか。
　＊come to my house の意味。人を招待する時によく使う。

come up　「〈機会・意外なことなどが〉生じる」

Something urgent **came up**.　緊急の用ができた。

7. go 〔基本義：話し手の所から離れて行く〕

行く

go＋方向・行き先

I **went** to Hawaii last year.　私は去年ハワイへ行った。
go home　家に帰る　　　**go** abroad [overseas]　海外へ行く
go upstairs　階上［２階］へ上がる　　**go** downstairs　階下へ降りる
go up　上がる、登る　　**go** down　下がる、降りる
　＊go up, go down は、物価・温度などにも使われる。
This road **goes** to Osaka.　この道路は大阪まで続いている。
　　　　　　　↑──「至る、届く、達する」という意味

go＋目的

go for a drink　酒を飲みに行く
go for a walk [drive]　散歩［ドライブ］に行く
go on a trip [a date, an errand] (to ～)
　(～へ) 旅行［デート , 用事］に行く
go shopping *at* the supermarket　スーパーへ買い物に行く
　＊go doing では、方向前置詞 to ではなく**場所前置詞**（at, in など）を使う。
go swimming [fishing] *in* the river　川へ泳ぎ［つり］に行く
go to see a movie　/　**go** to the movies　（一般的に）映画を見に行く
go (and) see a doctor　医者に行って診てもらう［診てもらいに行く］
　＊go and see は go to see よりもくだけた言い方。go see はさらにくだけた言い方。

～（の状態）になる

　＊通例正常な状態からの逸脱を表し、好ましくない意味で用いる。

go＋形容詞・過去分詞　＊形容詞・過去分詞の表す状態になる。

go bad　悪くなる、腐る、だめになる
The milk **went** sour [bad].　牛乳が腐った。
go bankrupt　倒産する
The battery **went** dead.　電池が切れた。
go mad　気が狂う　　**go** crazy　気が変になる、〈観衆などが〉熱狂する
go [turn] pale [white]　青ざめる
He is **going** blind [bald].　彼は目が見えなくなって［頭がはげて］きている。
Everything is **going** well with my plan.　計画はすべてうまくいっています。

なくなる、消える、過ぎる

This stain won't **go**.　このしみはどうしてもとれない。
My headache has **gone**.　頭痛がなくなった。
Winter has [is] **gone**.　冬は過ぎ去った。　＊Winter is over. も同様の意味
Time **goes** quickly when you are busy.
　忙しくしていると時間の経つのが速い。

熟語・用例

go into the house　家の中に入る［入っていく］
Please **go easy on** me.　お手やわらかにお願いします。
She **went out of her way to** see me off.
　彼女はわざわざ私を見送りに来てくれた。
five minutes **to go**　残り［あと］5分
We have five days **to go** before the holidays.
　休暇までにあと5日ある。

go off

「爆発する、〈目覚まし時計などが〉鳴る」

The bomb **went off**.　爆弾が爆発した。
Did the alarm clock **go off** [ring]?　目覚まし時計は鳴りましたか？

「〈電灯が〉消える」

The light **went off** [out].　明かりが消えた。
　＊The fire **went out**.　火が消えた。

go on 「続く、続ける、〈事が〉起こる」

The party **went on** until midnight.　パーティーは深夜まで続いた。
Go on with your work.　仕事を続けなさい。
go on walking　歩き続ける　＊go on to do は「続けて～する」
What's **going on** here?　ここで何が起こっているの？ 何事ですか？

go with 「～と調和する、つり合う」

Red wine **goes** well **with** meat.　赤ワインは肉とよく合う。
This tie doesn't **go with** my suit.　このネクタイは私のスーツに合わない。

8. feel

> 感じる、〜の感じがする、〜の気がする

I **felt** a dull pain in my stomach.　胃に鈍い痛みを感じた。
I **felt** (that) he was a good doctor.
　　私は彼がよい医者だと思った。　＊感性的判断
I **feel** chilly [dizzy].　寒気［めまい］がする。
I **feel** responsible.　責任を感じる。　　I **feel** guilty.　罪の意識を感じる。
I **feel** (like) a complete fool.　われながら全くばかだなあと思う。
I **feel as if** my heart were [《略式》was, is] bursting.
　　まるで心臓がはり裂けそうな気がする。
I **feel like** I've been here before.
　　以前ここに来たことがあるような気がする。
She **felt like** weep**ing**.　彼女は泣きたい気分だった。

> 〜のような感触をもつ　＊ものや it が主語の場合

> feel+形容詞 / feel like+名詞

My mouth **felt** dry.　口が乾いている感じだった。
This towel **feels** really nice.　このタオルはとても肌触りがよい。
It **feels** muggy.　蒸し暑いね。(蒸し暑い感じがする)
This cloth **feels** like silk.　この布は絹のような手触りがする。

9. seem

> 〜のように思われる、〜であるらしい、〜のようだ

　　＊話し手の主に主観的な判断で「〜と思われる」ことを表す。
He **seems** to be a doctor.　彼は医者のようだ。　＊to be の省略不可
You **seem** to be in a bad mood.　ご機嫌が悪いようですね。
She **seems** (to be) happy.　彼女は幸せそうだ。
　　＊happy, strange, important のように程度を表す形容詞では to be は省略可
This problem **seems** (to be) very difficult.　この問題はとても難しそうだ。
It doesn't **seem** (to be) easy to raise children.
　　子供を育てるのは容易ではないようだ。
It **seems** to be raining outside.　外は雨のようだ。
It **seems** like a good idea.　それはいい考えのようだ。

He **seems** to have made a mistake.
It **seems** that he made a mistake. 　彼は間違ったようだ。
　＊He seems to 〜では、「彼」について述べ、It seems that ... では
　　that 節の内容全体について述べている。何が話題になっているかが異なる。

It **seems** to me that he is selfish.　私には、彼が自己中心的に思えます。
　＊It seems that ... は、断定をやわらげるのにしばしば用いられる。

It **seems** (that,《米略式》like) he knows the news.
　彼はそのニュースを知っているようだ。

It **seems** unlikely that he will agree with me.
　彼が私に賛成することはありそうにない（ように思われる）。

There **seem** to be two reasons.　理由が２つありそうだ。
　＊seem か seems かは、意味上の主語の数による。

There **seems** (to be) *no reason* to quit a job.
　仕事をやめる理由はなさそうだ。
　＊〈no ＋名詞〉の場合は to be の省略可

10. appear

〜のように見える、〜のようだ　＊客観的事実について述べる。

She **appears** selfish to me.　私には彼女が利己的に見える。
He **appears** (to be) a rich man.　彼は金持ちのようだ。
　＊《主に英》では程度の差がある段階的な形容詞を伴う名詞句のときに
　　to be を省略することがある。

He **appears** to know Hanako.
It **appears** that he knows Hanako. 　彼は花子を知っているようだ。

He **appeared** to have lost his wallet.
It **appeared** that he had lost his wallet. 　彼は財布をなくしたようだった。

姿を現す、出演する

A stranger suddenly **appeared** in the doorway.
　見知らぬ人が突然戸口に現れた。

appear on television [in a play, at a theater]
　テレビ［演劇，劇場］に出演する

She **appeared** as a leading actress.　彼女は主演女優として出演した。

11. look

見る、視線を向ける

I **looked at** my watch.　私は腕時計を見た。
I'm **looking for** the key.　私はかぎをさがしています。
I **looked** everywhere **for** the key.
　私はかぎを見つけようとあちこちさがした。
He **looked at** a plane flying.　彼は飛行機が飛んでいるのを見た。
look up the sky　空を見上げる　　**look** down the valley　谷を見下ろす

〜に見える　＊外観［外見］から「〜のように見える」ことを表す。

look happy [angry, sad, tired]
　幸せそうに［怒っているように，悲しそうに，疲れているように］見える
This novel **looks** interesting.　この小説はおもしろそうだ。
You **look** much better today.　今日はとてもお元気そうですね。
　＊病人などを見舞ったときの決まり文句の１つ
He **looks** to be in good health.　彼は健康そうに見える。（健康のようだ）
The suit **looks** nice [good] on you. ／ You **look** nice [good] in your suit.
　そのスーツ、あなたによく似合っているよ。
She **looks** (《米》like) a nice person.　彼女はいい人のようだ。
The dog **looks like** a stuffed animal.　その犬はぬいぐるみのようだ。
What did the driver **look like**?　運転手はどんな人でしたか？
It **looks like** rain.　雨が降りそうだ。

熟語・用例

She has to **look after** her baby.
　彼女は赤ん坊の世話をしなければならない。
He **looked into** the problem of child abuse.
　彼は児童虐待の問題を**調査**した。
Look out for pickpockets.　すりに気をつけて。すりにご用心。
I want you to **look over** these papers.　この書類に目を通してもらいたい。
We **look up to** him as a doctor.　私たちは彼を医者として**尊敬**している。
He **looks down on** poor people.　彼は貧しい人々を**見下**す。
I **looked up** an unfamiliar word in a dictionary.
　私は見慣れない言葉を辞書で**調べ**た。

12. see 〔基本義：目や心に見える〕

見える、見る

I (can) **see** a lot of stars in the sky.　空にたくさんの星が見える。
I have never **seen** a fish like that before.
　あんな魚は今までに見たことがない。
I **saw** the news in the newspaper.　新聞でそのニュースを見た。
see a baseball game　野球の試合を見る
　＊テレビ・ビデオで見る場合は watch が好まれる。
I **saw** him walk [walking] across the street.
　私は彼が道路を横切る［横切っている］のが見えた。
　＊walking の場合は「進行中の動作を見た」という意味で渡り切ったかどうかは不明
I looked in the dark but **saw** nothing.
　暗やみで見ようとしたが何も見えなかった。
　＊look は「意識的に見る」、see は「自然に視界に入る」ことをいい、「見える」に
　　相当する。

会う、付き合う

I'll **see** you at the station at 10 a.m.　午前 10 時に駅でお会いします。
I **saw** him at the station.　駅で彼に会った［彼を見かけた］。
I've **seen** you before.　以前にあなたにお目にかかったことがあります。
see a doctor　医者にかかる、診察してもらう
　＊go (and) see a doctor も同様の意味
She has **been seeing** Tom for three years.　＊通例進行形
　彼女は 3 年間トムと付き合っている。
I've just been to the station to **see** a friend **off**.
　友達を見送りに駅へ行ってきたところです。
　＊「出迎える」は meet

〜がわかる、〜を理解する

I can **see** that it's very important.
　私はそれがとても重要であることがわかる。
At first I didn't **see** (that) she was so selfish.
　最初、彼女がそんなにわがままだとはわからなかった。
Can't you **see** she's angry?　彼女が怒っているのがわからないの？

13. watch

じっと見ている、注意 [用心] する

watch the TV [film, program, news, game]
  テレビ [映画，番組，ニュース，試合] を見る
He **watched** a baseball game on TV.　彼はテレビで野球の試合を見た。
Watch [《英》Mind] your head [step], please.
  頭上 [足もと] に注意してください。
Watch your mouth [tongue, language].　言葉づかいに気をつけなさい。
Watch out! / **Watch** it!　気をつけて！
Watch out for the truck!　トラックに気をつけて！

14. find

見つける [見かける]

I can't **find** my baggage.　私の荷物が見つからない。
She **found** a wallet on the sidewalk.
  彼女は歩道で財布を見つけた [拾った]。
My boss always **finds fault with** my work.
  上司はいつも私の仕事のあらさがしをする。
I **found** the building destroyed.　行ってみると、その建物は壊されていた。
  ＊会話では I found the building was destroyed. ということが多い。

find out　＊「(隠された、または知られていない事実を) 見つけ出す」が本義
「探り出す、発見する、調べる」
  (注) 単に人・物を見つける場合には用いない。
I'll **find out** how it happened.　どのようにして起こったか調べよう。

～とわかる [思う]

I **found** him (to be) a generous man.
  (話してみると) 彼は寛大な人だとわかった。　＊直接的なかかわりでわかる。
  ＝I found that he was a generous man.
I **found** all the money gone. / I **found** all the money had [was] gone.
  すべての金がなくなっていることがわかった。
I **found** that the game had already finished.
  私は試合がすでに終わったと思った [わかった]。

15. hear

聞こえる、聞く

I **heard** [could hear] the sound of a piano.　ピアノの音が聞こえた。
Can you **hear** me?　聞こえますか？　＊電話などで
I **heard** them singing.　彼らが歌っているのが聞こえた。
You **heard** wrong.　あなたの聞き違いだよ。
Please **hear** me out.　最後まで聞いてください。
I don't [can't] **hear** very well.　私は耳が遠い [よく聞こえない]。（自動詞）
　＊自動詞は「耳が聞こえる」という意味で用いられる。

耳にする、聞いて知る

I've never **heard** of such a thing.　そんなこと聞いたことがない。
I **heard** the story about his background.　私は彼の生い立ちの話を聞いた。
　＊hear about ～は、hear of ～より通例具体的な内容についていう。
I've **heard** good things about him.
　彼についていい評判を聞いたことがある。
I've **heard** a lot about you.　おうわさはかねがねうかがっております。

| **I [We] hear + (that) 節** | 「～とうわさに聞いている、～だそうだ」 |

　＊that は通例省略される。

I **hear** you're going to get married soon.　もうすぐ結婚するそうですね。

16. listen

聴く、耳を傾ける、〈人〉の言うことを聞き入れる

We **listened** quietly, but could not **hear** anything.
　黙って耳を傾けたが、何も聞こえなかった。
Listen to me.　私の言うことをよく聞きなさい。
I'm **listening**.　聞いていますよ。（どうぞ話を続けて下さい）
Please **listen** until I'm finished.　最後まで話を聞いてください。
listen to music [the radio]　音楽 [ラジオ] に耳を傾ける
He won't **listen** to my advice.
　彼はどうしても私の忠告に耳を貸そうとしない。
She wouldn't **listen** to me.
　彼女は私の言うことを聞き入れようとしなかった。

17. say

言う、(世間で) 〜と言う

＊talk, speak, inform と異なり、say は実際に話される言葉そのものを目的語にすることが可能

She **said** hello [yes, no].　彼女はこんにちは [はい，いいえ] と言った。
What did you **say**?　何て言ったの？
He **said** (that) Ann had got married.　彼はアンが結婚したと言った。
I don't know what to **say**.　何とも言いようがないなあ。
I can't **say** who will win.　だれが勝つか言えない [わからない]。
People [They] **say** that she is the most beautiful woman in this town.
　彼女はこの町で一番美しい女性だそうだ。

〜と書いてある、〜を示している

The newspapers **say** it's going to rain today.
　今日は雨が降ると新聞に出ている。
The road sign **says**, "No parking."　道路標識には「駐車禁止」とある。
My watch **says** (it's) 3:30.　私の時計では3時30分だ。

18. speak

話す、言語を話す、演説をする、講演する　(自動詞)

He can't **speak** because of a sore throat.
　彼はのどが痛くて声が出ない。
speak clearly [slowly]　はっきりと [ゆっくり] 話す
A passing stranger **spoke** [talked] to me.　＊speak の方が一方的に話す感じ
　通りがかりの人が私に話しかけてきた。
The professor **spoke** to the audience about air pollution.
　教授は大気汚染について聴衆に講演した。
May I **speak** to Mr. Smith?　スミスさんをお願いできますか。　＊電話で
　⇒ **Speaking**.　はい、私です。　＊本人が電話を受けた場合

〈言葉〉を話す　(他動詞)

He **speaks** Spanish fluently.　彼は流暢にスペイン語を話します。
I can **speak** a little English.　私は少しだけ英語を話せます。

19. tell 〔基本義：情報を言葉で相手に伝える〕

話す、言う、知らせる、教える、命じる

She **told** him a lie.　彼女は彼にうそをついた。
　＊a story, a lie, a joke, the truth などの場合、伝える相手は省略可能
He **told** me the secret [his name].　彼は私に秘密［名前］を言った。
She **told** me about her wedding.　彼女は結婚式のことを私に話した。
　(注) ×She told me her wedding.
She **told** me that she had been sick.
　彼女は自分は病気だったと私に言った。
　＊that 節を伴う場合、say と違って tell には通例伝える相手が必要である。
I **told** her to go to the doctor.　私は彼女に医者へ行くように言った。
He **told** me not to open the window.　彼は私に窓を開けるなと言った。

知る、わかる、見分ける

I can **tell**.　わかります。　I can't **tell**.　私にはわかりません。
No one can **tell** what will happen.　何が起こるか誰にもわからないよ。
My grandchild can **tell** (《英》the) time.　私の孫は時計が読める。
You can't **tell** a book by its cover.　表紙だけでは本の中身はわからないよ。
Can you **tell** the difference between a goat and a sheep?
　ヤギと羊の違いがわかりますか？

20. talk

話す、話し合う、相談する、話しかける

I **talked** with Ann yesterday.　昨日、アンと話をした。
I'm **talking** about your future.
　私はあなたの将来のことを話しているのよ。
I'm **talking** seriously.　まじめにものを言っているのです。
I'll **talk** to the doctor.　医者に相談します。
talk to oneself　ひとり言を言う　　**talk** in one's sleep　寝言を言う
I **talked** him **into** call**ing** his boss.　彼を説得して上司に電話させた。
　＊I **persuaded** him **to** call his boss. も同様の意味
I **talked** him **out of** go**ing** abroad.
　彼を説得して外国へ行くことを思いとどまらせた。

21. hold

～を持っている、保持する、収容できる

hold one's hand　手を握る
She is **holding** a baby in her arms.　彼女は腕に赤ん坊を抱いている。
I will **hold** your bag while you put on your coat.
　コートを着る間かばんを持っていてあげましょう。
He **holds** the record for the marathon.　彼はマラソンの記録保持者である。
Hold the line, please.　（電話を切らずに）そのままお待ちください。
Can you **hold** your liquor?　お酒はかなり飲めますか？
This hall can **hold** 500 people.　このホールは500人収容できる。

催す、開く、行う

hold a meeting [conference]　会議を開く
hold a concert [wedding reception]　コンサート[披露宴]を催す

～の状態にしておく

He **held** the door open.　彼は（手で）ドアを開けておいてくれた。
Hold your hand [head] up.　手[頭]をしっかりと上げておきなさい。

～のままである、〈天候などが〉続く　（自動詞）

The fine [good] weather will **hold** until the weekend.
　好天は週末まで続くだろう。
The rule **holds good [true]** in this case.
　その規則はこの場合に**適用できる**。

22. keep　〔基本義：そのままの状態に保つ〕　＊比較的長い間保つ時に使われる。

持ち続ける、保存[保管]する、〈約束など〉を守る

keep the receipt　領収書を保管する
I'll **keep** this wine for her birthday.
　このワインを彼女の誕生日にとっておこう。
Keep the change.　おつりは取っておいて。　＊Keep it. でも通じる。
keep one's promise [word]　約束を守る
Everyone must **keep** the law.　誰でも皆法律に従わねばならない。

～にしておく、～のままである、～し続ける

keep a car in good condition　車を整備しておく
Keep the room clean.　部屋をきれいにしておきなさい。
Sorry to have **kept** you waiting.　待たせてごめんなさい。
This milk will **keep** for two weeks.　このミルクは2週間もつだろう。
The man **kept** standing.　その男は立ったままだった。
The phone **kept** (on) ringing.　電話のベルが鳴り続けた。

熟語・用例

You should **keep** the knife (**away**) **from** your child.
　そのナイフを子供の手の届かない所に置いておきなさい。
Keep children **off** the flower bed.　子供達を花壇に近寄らせないで。
keep up with the times　時勢に遅れずついていく
　＊catch up with「追いつく」

23. put 〔基本義：動かしてある位置やある状態に置く〕

置く、入れる、(取り) つける

She **put** a vase on the table.　彼女はテーブルの上に花びんを置いた。
put a picture on the wall　絵を壁にはる［かける］
put a stamp on the envelope　封筒に切手をはる
put a wallet in one's bag　財布をバッグに入れる

熟語・用例

I have to **put the toys away** [**put away** the toys].
　おもちゃを片付けなくては。
The game was **put off**.　試合は延期された。
put on weight　体重が増える、太る
put on one's glasses [hat, coat, shoes]
　めがねをかける［帽子をかぶる, コートを着る, 靴をはく］
put out a light [fire, cigarette]　明かり［火, タバコ］を消す
put up one's hand [a tent]　手を上げる［テントを張る］
I can't **put up with** his rudeness.　彼の無礼にはがまんできない。

199

24. leave

> 去る、出発する、〈職・会など〉をやめる、〜のもとを去る

I **left** his house at ten.　私は 10 時に彼の家を出た。
She **left** the hospital last week.　彼女は先週退院した。
leave [quit, retire from] the company　会社をやめる
I'm going to **leave** my husband.　私は夫と別れるつもりです。

> 〜のままにしておく、〜の状態にしておく

I **left** [kept] the door open.　ドアを開けっぱなしにしていた。
　＊keep は意図的
Don't **leave** the water running.　水を出しっぱなしにしないで。
Leave me alone.　かまわないで。

> 置き忘れる、〈伝言など〉を託す、残す

I **left** my umbrella in [at] the store.　かさを店に置き忘れた。
May I **leave** a message for him?　彼への伝言をお願いしていいですか。
Please **leave** a message with a coworker when I'm out.
　私が外出中の場合は、同僚に伝言してください。
I **left** some cake for my brother.　弟にケーキをいくらか残しておいた。

> 任せる、ゆだねる

Leave everything to chance.　すべて運任せにしなさい。
Leave it to me.　私に任せて。
I'll **leave** it (up) to you.　あなたに任せます。

25. let

> 〜させてやる、〜させる、〜（の状態）にさせる

My father **let** me use his camera.　父のカメラを使わせてくれた。
I'll **let** you know the results as soon as possible.
　できるだけ早く結果を知らせます。
I won't **let** you down.　あなたを失望させませんよ。　→　がんばります。
Let me in [through].　私を中に入れて [通らせて] ください。

26. work 〔基本義:意識的・意図的に働くこと〕

働く、仕事をする

I **work** for ABC Company.　私は ABC 会社に勤めています。
work in advertising [publishing]　広告[出版]の仕事をしている
work late (at night)　(夜)遅くまで仕事をする
work overtime　残業する
work nights　夜勤をする　　**work** part-time　パートで働く
I'm **working on** some report.　私はある報告書に取り組んでいます。

機能する、作動する

The elevator is not **working**.　エレベーターが動いていない。
My mind isn't **working** very well today.　今日はあまり頭がさえていない。

うまくいく、〈薬などが〉効く

This plan [method] is sure to **work** (well).
　この計画[方法]はきっとうまくいきますよ。
These pills will **work** on you.　この薬(錠剤)はあなたに効くでしょう。

27. break 〔基本義:こわす、断つ〕

こわす、こわれる、故障する

break the dish [mirror, window, vase]
　皿[鏡,窓,花びん]をこわす

|自|こわれる、割れる|
|他|こわす、割る|

The plate **broke** into pieces.　皿はこなごなに割れた。
My car has **broken down**.　車が故障した。　＊車・機械などが故障の場合

〈約束・法律など〉を破る、犯す

break a traffic rule　交通違反をする　　**break** the record　記録を破る
break one's word [promise]　約束を破る

熟語・用例

A fire **broke out**.　火事が発生した。
The war **broke out**.　戦争が起こった。
He **broke up with** her last year.　彼は去年彼女と別れた。

28. その他

call　「呼ぶ、電話をかける」

call the doctor [police]　医者［警察］を呼ぶ
Call me a taxi, please.　タクシーを呼んでください。
Please **call** me at this number.　この番号に電話してください。
Let's **call** it a day!　今日はここまでにしよう。
We had to **call off** the game.
　私たちは試合を中止しなければならなかった。

cut　「切る、(切って) 〜の状態にする、〜の供給を止める、さぼる」

cut the cake in two [half]　ケーキを2つ［半分］に切る
cut the paper into triangles　紙を三角形に切る
Don't **cut** in line.　列に割り込まないで。
I **cut** the envelope open.　封筒を切って開けた。　＊SVOC の文型
The supply of the gas was **cut**.
　ガスの供給が止められた。→ ガスが止まった。
He sometimes **cut** school.　彼は時々学校をさぼった。
This knife **cuts** well.　このナイフはよく切れる。(自動詞)

grow　「成長［生長］する、〜 (の状態) になる、栽培する」

My son **grew** 10 centimeters last year.
　私の息子は去年10センチ伸びた。
Oranges **grow** in warm regions.　オレンジは暖かい地域で育つ。
These trees **grow** very tall.　これらの木は成長するととても高くなる。
My dog is **growing** fatter.　私の犬は太ってきている。
　＊get でもよいが、grow には「徐々に」というニュアンスがある。
grow [×make] rice　米を作る　　**grow** crops　作物を育てる

help　「〜を手伝う、助ける」

He **helped** me (to) move the table.　＊口語では to を省くのが普通
　彼は私がテーブルを動かすのを手伝ってくれた。
I was **helped** *to* move the table.　＊受身の場合は to 不定詞 を用いる。
　テーブルを動かすのを手伝ってもらった。
Can you **help** me with my homework?　宿題、手伝ってくれる？
　(注) ×help my homework

learn 「習得する、覚える、学ぶ、耳にする、知る」

I studied English at school, but I never **learned** it well.
　学校で英語を勉強したが、あまり身につかなかった。

Thanks to you I('ve) **learned** a lot.
　あなたのおかげで多くのことを学びました。

learn (the poem) by heart 　（その詩を）暗記する

I'll let you know when I **learn** about it.
　それについてわかったら知らせるよ。

lose 「失う、負ける」

I've **lost** my door key. 　ドアのかぎをなくしてしまった。
lose (some) weight 　（少し）やせる　　**lose** one's job 　失業する
Our team **lost** the game to A. 　私たちのチームは試合で A に負けた。

miss 「〜しそこなう、〈人〉がいないのを寂しく思う」

I **missed** you at the station. 　駅であなたを見失いました。
I **missed** my flight [the train]. 　飛行機 [電車] に乗り遅れました。
You can't **miss** it.
　（目的の場所を）見のがすことはない。→　すぐ見つかります。
You shouldn't **miss** that movie.
　あの映画を見のがすべきではない → 絶対見るべきだ。
I('ve) **missed** you. 　（長く会わなかった人に）会いたかったです。

play 「遊ぶ、試合する、演奏する、演じる」

My daughter is **playing** with a doll. 　娘は人形で遊んでいます。
The Tigers **played** the Giants. 　タイガースはジャイアンツと対戦した。
She **played** a tune on the piano. 　彼女はピアノで1曲弾いた。
play a DVD [CD] 　DVD [CD] をかける
play (the part of) Juliet 　ジュリエットの役割を演ずる

remember 「覚えている、思い出す」

I **remember** my father taking me to the pool.
　父が私をプールへ連れて行ってくれたのを覚えている。

I can't **remember** her name. 　彼女の名前を思い出せない。
Now I **remember**. 　今、思い出した。　＊現在形で表す。

Step10 動詞・前置詞を使いこなそう

run 「走る、流れる、〜になる、経営する」

I had to **run** to catch the train.
電車に乗るために走らなければならなかった。
He **ran** in the Tokyo Marathon.　彼は東京マラソンに出た。
The buses **run** every 30 minutes.　バスは30分ごとに来ます。
The river **runs** in the middle of the town.
その川は町の中央を流れている。
Your nose is **running**.　鼻水が出ていますよ。
　= You have a runny nose.
Our money is **running** out. / We are **running** out of money.
私たちのお金がなくなってきた。
Water is **running** short.　水が足りなくなっている。
I'm **running** late (for my appointment).　（約束の時間に）遅れそうだ。
He **runs** a restaurant in Tokyo.　彼は東京でレストランを経営している。

spend 「〈金額〉を使う、〈時間〉を過ごす [使う]」

She **spent** 100,000 yen on clothes.
彼女は衣服に10万円使った。
She **spent** a lot of money *traveling*.　＊doing では通例前置詞を省略
彼女は旅行にたくさんのお金を使った。
I **spent** two hours cleaning the floor.　私は2時間かけて床をきれいにした。
I **spent** two hours on my homework.　私は宿題に2時間を費やした。
I **spent** the summer vacation in Karuizawa.
私は夏休みを軽井沢で過ごした。

stay 「とどまる、滞在する、〜の（状態の）ままでいる [ある]」

We **stayed** there for two weeks.　私たちは2週間そこに滞在した。
Can I **stay** one more night?　もう一泊してもいいですか。
stay up (late)　（遅くまで）寝ないで起きている
I had to **stay** in bed all day.　一日中寝ていなければならなかった。
I **stayed** over [overnight] at her house.　彼女の家に（一晩）泊まった。
The store **stays** open all night.　その店は一晩中開いたままだ。
I want to know how to **stay** young.
どうしたら若くいられるのか知りたい。

turn 「回す、回る、ひっくり返す、曲がる、変える、変わる、～になる」

turn (over) a steak [pancake]　ステーキ［ホットケーキ］を裏返す
turn left [right]　左［右］へ曲がる
The leaves have **turned** yellow.　葉っぱが黄色になった。
Caterpillars **turn** into butterflies.　毛虫は蝶に変わる。
His story **turned out** to be a lie.　彼の話はうそであることがわかった。
turn on [off]　〈テレビ・明かりなど〉をつける［消す］
turn up [down]　音量を上げる［下げる］

wear 「身に付けている」

＊wear は身に付けている状態、put on は身に付ける動作を表す。
She always **wears** loud clothes.　彼女はいつも派手な服を着ている。
He is **wearing** glasses.　彼はめがねをかけている。
　＊進行形は「いつもではないが、今は」というニュアンス

（その他、身に付ける物のいろいろ）
hat（帽子）, shoes（靴）, seat belt（シートベルト）, jewelry（宝石類）
contact lenses（コンタクトレンズ）, perfume（香水）　など

win 「〈競技・戦争など〉に勝つ、勝ち取る」

win a race [game, match]　競走［試合］に勝つ
win at cards [chess]　トランプ［チェス］に勝つ
win (by) 3-1 [3 to 1]　3対1で勝つ
win by two points　2点差で勝つ
You **win**.　君の勝ちだ。
　＊I'm beaten.　参ったね。（beat は「打ち負かす」）
He **won** a gold medal in the Olympics [the Olympic Games].
　彼はオリンピックで金メダルを取った。

動詞の do

do the washing [ironing]　洗濯［アイロンかけ］をする
do [wash] the dishes　皿洗いをする
do push-ups　腕立て伏せをする
do [practice] judo [kendo, karate, aerobics, yoga]　＊武道などは通例 do
　柔道［剣道，空手，エアロビクス，ヨガ］をする

2 前置詞

1. in 〔基本義：…の中に．あるものの中に位置することを表す〕

場所・位置・方向　「～の中に［で，へ］、～で［に］、～の方角へ」

She is cooking **in** the kitchen.　彼女は台所で料理をしている。
She is **in** (《米》the) hospital.　彼女は入院している。
There's something **in** the box.　箱の中に何か入っている。
I have a pain **in** my back.　背中が痛い。(部位)
I read the news **in** the newspaper.　新聞でそのニュースを読んだ。
I'd like the blue one **in** the second row from the back.
　奥から2列目の青いものがほしいのですが。　＊row「（横に並んだ）列」
Put it **in** the box.　それを箱の中へ［に］入れなさい。
jump **in** the pool　プールに飛び込む。プールの中でジャンプする。
The sun rises **in** the east and sets **in** the west.
　太陽は東から出て、西に沈む。

時（期間）　「～のうちに、～の間に［で］、(今から) ～の後に」

　＊通例 in はある程度の長さの期間を表す。

in 1948　1948年に　　**in** the 21st century　21世紀に
in the summer of 2020　2020年の夏に
A lot of flowers come out **in** (the) spring.
　たくさんの花が春に咲きます。
My birthday is **in** October.　私の誕生日は10月です。　**(注)** in が必要
in the middle of March　3月中旬に
in one's childhood　子供の頃に
in one's (early, late) 20s [twenties]　20代（初め．後半）に［の］
She learned French **in** six months.
　彼女は6か月でフランス語を身につけた。
I'll leave **in** an hour.　1時間したら［今から1時間後に］出発します。
　＊**after** an hour は、現在以外のある時点が始点の「1時間後」
Please finish cleaning **in** an hour.　1時間（以内）で掃除を終わってください。
　＊**within** an hour とすると「1時間後に」の意味と区別できる。
You should be careful **in** crossing the street.
　道路を横断中は注意しなさい。

状態・様態　「～の状態で、～（のふう）に、～で」

I'm (financially) **in** trouble.　私は（金銭的に）困っている。
My room is **in** a mess.　私の部屋は散らかっている。
He is **in** debt to her for 100,000 yen.
　彼は彼女に10万円の借金をしている。
be **in** good [bad] health　健康である［ない］
be **in** a good [bad] mood　楽しい気分である［機嫌が悪い］
The cherry trees are **in** full bloom.　桜の花が満開です。
in season　〈食物が〉旬で、食べ頃で
They are **in** love (with each other).　彼らは相思相愛の仲だ。
I'm (kind of) **in** a hurry.　私は（ちょっと）急いでいます。
in fashion　流行している　⇔　out of fashion　すたれている
I'd like to speak to you **in person**.　直接お会いしてお話したいのですが。
Can we talk **in private**?　2人だけで［内々に］話せますか。
I don't like speaking **in public**.　人前で話すのは好きではない。
in a loud [low] voice　大声［小さな声］で
in all　合計で、全体で　　**in** total　全体で、総計で
I reserved a room at (the) ABC Hotel **in** my name.
　私の名前でABCホテルの部屋を予約した。
stand **in** [×with] surprise　驚いて立ち上がる　＊inは心的状態を表す。
in detail [brief]　詳しく［簡潔に］　　**in** short　手短かに
in turn　交替で　　**in** return　お返しに
in advance　前もって

所属・従事　「～に所属して、～に従事して」

I'm [I work] **in** the building [advertising, publishing] business.
　私は建設［広告，出版］関係の仕事をしている。
He is **in** charge of the sales department.　彼は販売部の責任者である。

着用・包装　「～を身につけて、～に包んで」

a girl **in** a fur coat　毛皮のコートを着ている少女
You look nice **in** red.　あなたには赤（の服）が似合う。
wrap this **in** [with] paper　これを紙で包む
　＊withは「何で包むか」を示すが、inは包み込むという感じが強い。

| 状況 |　「～（の場合）には」

in that case　その場合には　　in case of emergency　緊急時には
in case of earthquake　地震の際は

| 形状・配置 |　「～をなして、～になって」

The children are playing **in** a circle.　子供たちは輪になって遊んでいる。
Do you usually travel **in** a group?　たいていグループで旅行するの？
in alphabetical order　アルファベット順に
stand **in** (a) line [《主に英》queue]　（１列に）並ぶ

（数量・単位）　「～ずつ、～（単位）で」

pack apples **in** dozens　１ダースずつリンゴを詰める

| 手段・素材 |　「～を使って、～で、～に乗って」

go **in** one's car　車で行く　＊by car (手段)
　＊**in** は「～に乗って」という感じが強い。
pay **in** cash [yen]　現金［円］で払う
a statue **in** bronze [stone]　青銅［石］で作った像
The important points are printed **in** red.
　大切な要点は赤で印刷されている。
In plain English, please.　やさしい英語でお願いします。

| 範囲、分野・限定 |

「～（の範囲）に、～について、～に関して、～の点では、～において」

in my opinion　私の意見では　　**in** my experience　私の経験では
a country rich **in** natural resources　天然資源の豊富な国
a change **in** weather [temperature]　天候［気温］の変化
a sharp [slight] rise **in** oil prices　石油価格の急激な［わずか］な上昇
This is two meters **in** length [height, depth, width].
　これは長さ［高さ，深さ，幅］が２メートルだ。
　＊This is two meters long [high, deep, wide]. ともいえる。
My dog is about eighty **in** human years.
　私の犬は人間の年でいうと約80歳です。
Cats are similar to lions **in** shape.　猫はライオンと形が似ている。

2. on 〔基本義：…（の上）に. 広義には接触を表すが, あるものの上に（接して）位置することを表すことが多い〕

場所・位置、人

場所・位置　「～の上に［の，へ］、～で［に］、～に接して［面して］」

put a plate **on** the table　テーブルの上に皿を置く
fall **on** the floor　床の上に倒れる　＊「床の上で倒れる」の意にもなる。
on the fifth floor　5階に
pat〈人〉**on** the back　〈人〉の背中をたたく　＊pat「軽くたたく」
She sat **on** my left.　彼女は私の左隣に座った。　＊to the left は**方向**を表す。
You can see the post office **on** your left.　左手に郵便局が見えます。
There's a supermarket **on** the main street.　本通りにスーパーがある。
a village **on** the river　川沿いにある村
work **on** a farm　農場で働く

> on は表面を連想させる名詞と用いる；主なものは beach, campus, earth, farm, field, floor（階）, ground, island, land など　　（ウィズダム）

（付着）　「～に（くっついて）」　＊上面に限らず側面・下面でも可

a fly **on** the wall [ceiling]　壁［天井］にとまっているハエ
a picture **on** the wall　壁にかかっている絵
a bruise **on** one's arm　腕にある打撲傷

（支点）　「～を支点［軸］にして、～で支えて」

stand **on** tiptoe(s) [one foot]　つま先［片足］で立つ
fall **on** one's knees　ひざまずく
lie **on** one's back [face, stomach]　あおむけ［うつぶせ］になる
stand **on** one's hands　逆立ちをする
The earth turns **on** its axis.　地球は地軸を中心に自転する。

人（着用・所持）　「～につけて、持って」

The dress looks good **on** you.　そのドレスはあなたによく似合う。
put [have] a ring **on** one's finger　指輪をつける［つけている］
I have some money **on** me.　いくらか手持ちのお金があります。
　＊金などの小物では with ではなく on が普通

| 時 | 「～に、～の時に、～と同時に」　＊特定の時を表す。

She was born **on** September fifth.　彼女は９月５日に生まれた。
on Sunday　日曜日に　　**on** one's birthday　誕生日に
on Christmas (Day)　クリスマスに　＊12月25日のみをいう。
on Monday morning　月曜日の朝に　＊特定の日の朝・午後・夜などには **on**
on the evening of the fifth of May　５月５日の夕方に
on a cold morning　寒い朝に　　**on** a rainy day　雨の日に
　＊修飾する語がついた午前［午後・夕方・夜］には **on** を用いるのが普通

曜日名の前に this, last, next, that を伴って特定の曜日を表す場合、通例 **on** は省略される。（例）last Monday, next Sunday

pay the bill **on** leaving　帰る時に勘定を払う

| 状態 | 「～の状態で、～して、～中」

He's **on** vacation.　彼は休暇中だ。
on sale　販売されて　　**on** exhibition　展示［出品，公開］されて
be **on** strike　ストライキ中である　＊《米》**on** a strike
I'm **on** a diet.　私はダイエット中です。
I'm **on** the way to work.　私は仕事へ行く途中です。
on (one's) guard　用心して　⇔　off (one's) guard　油断して
on schedule　予定通りに　　**on** time　時間通りに
on purpose　わざと、故意に　⇔　by chance　偶然（に）、たまたま
on [by] impulse　衝動的に、出来心で
　☆ buy a ring **on** impulse　指輪を衝動買いする
He earns 50,000 yen a week **on** average.
　彼は平均して週５万円かせぐ。

| 所属・従事 | 「～の一員で、～に従事して、〈目的・用件〉で」

He is **on** the staff [team].　彼は職員［チーム］の一員だ。
I'm **on** [《英》in] the tennis team.　私はテニスチームの一員です。
on duty　勤務中で、当番で、仕事で　⇔　off duty　勤務時間外で、非番で
He is away **on** business.　彼は出張中だ。（仕事で不在）
go **on** an errand [a trip, a picnic]　使い［旅行，ピクニック］に行く

Step10 動詞・前置詞を使いこなそう

根拠・依存　「～に基づいて、～に頼って、～に従って」

You should act **on** her advice.　彼女の忠告に従った方がいいよ。
He lives **on** his pension.　彼は年金で生活している。
She lives **on** her own.　彼女はひとりで暮らしている。
The novel is based **on** his life.　その小説は彼の人生に基づいている。
be dependent **on** alcohol　アルコール依存症である
Lunch is **on** me.　昼食は私のおごりだよ。（負担）

手段・器具・動力源　「～によって、～で」

go **on** foot　歩いて行く　　go **on** a bicycle　自転車で行く
travel **on** a bus [train, plane, ship]
　バス［電車，飛行機，船］で旅行する

speak **on** [over] the phone [telephone]　電話で話す
watch a game **on** television　テレビで試合を見る
I heard it **on** the radio.　私はラジオでそれを聞いた。
buy the goods **on** [over] the Internet　インターネットで商品を買う
on the instalment plan　分割払いで　＊by instalments も可
I cut my hand **on** a piece of glass.　ガラスの破片で手を切った。
　＊cut meat **with** a knife　ナイフで肉を切る（意図的な手段として用いる場合）
play the tune **on** the piano　ピアノで曲をひく
Most cars run **on** gasoline.　大部分の車はガソリンで走る。

対象、関連　「～に対して、～に関して、～について」

a tax **on** cigarettes　タバコにかかる税金
put a tax **on** our income(s)　我々の所得に税金をかける
She spent a lot of money **on** jewelry.
　彼女は宝石類にたくさんお金を使った。
She spent a lot of time **on** her makeup.
　彼女は化粧に多くの時間を費やした。
a book *on* [about] birds　鳥についての本
　＊**on** は専門的な内容、**about** は日常的・一般的な内容を暗示する。
concentrate one's attention **on** [×to] one's work
　仕事に注意を集中する

Step10 動詞・前置詞を使いこなそう

3. at 〔基本義：場としての点〕　＊動きや幅、空間などを感じさせない。

|場所・地点|　「～に、～で」
＊必ずしも狭いところとは限らないが、地点としてしか意識されない場所

Let's meet **at** the station.　駅で会おう。　＊駅の構内とは限らない。(駅のどこか)
I bought it **at** the grocer's (shop).　食料品店でそれを買った。
He knocked **at** the door.　彼はドアをノックした。
Open your book(s) **at** [《主に米》to] page 10.　本の10ページを開きなさい。

|方向・目標・対象|　「～に向かって、～を目がけて」

point **at** [to] the house　その家を指さす
　＊at は家そのもの、to は家の位置する方向を指す。
throw the ball **at** him　（あてようと思って）彼にボールを投げつける
　＊throw the ball to him　（捕球できるように）ボールを投げる
The hunter shot **at** the bird.　猟師は鳥を（ねらって）撃った。
　＊He shot the bird.　彼は鳥を撃ち落とした。
She shouted **at** me.　彼女は私にどなりつけた。
　＊She shouted to me.　私に向かって（聞こえるように）大声で言った。
smile **at** the children　子供たちにほほえみかける
I got angry **at** [《英》with] him for lying.
　私は彼がうそをついたことに腹を立てた。

|時（順序・回数も含む）|　「～に、～で」

The store opens **at** 10 a.m.　店は午前10時に開く。
at noon　正午に　　**at** night　夜に、夜間に
at sunrise [sunset]　日の出［日没］に
at (the age of) 20　/　**at** age 20　20歳の時に
at Christmas　クリスマス（クリスマスの全休日期間）に
at (the) New Year　新年に　＊on New Year's Day　元旦に
at the end of the year　年末に
at the beginning of March　3月の初めに
at the turn of the year [century]　年度［世紀］の変わり目に
My son weighed three kilos **at birth**.　息子は生まれた時3キロでした。
I passed the test **at** the third attempt.　私は3回目で試験にパスした。
fall in love with him ***at first sight***　彼に一目ぼれする　＊「一目で」

原因・理由 「〜を見て［聞いて，知って］」　＊感情などが生じた原因・理由

I was shocked **at** the news of his accident.
　私は彼の事故の知らせにショックを受けた。
I was surprised **at** [by] her sudden visit.
　私は彼女の突然の訪問に驚いた。
I'm disgusted **at** her behavior.　彼女のふるまいにはうんざりしている。

> amazed, astonished, delighted などにも at が使える。

状態

「〜（の状態）で」

at a loss　途方にくれて　　　**at** ease　気楽な［に］、くつろいで
The cherry blossoms are **at** their best now.　桜の花は今一番の見ごろだ。

所属・存在・従事

「〜（の所属）で［の］、〜に（出席して）、〜をして（いる）」

He is a student **at** London University.　彼はロンドン大学の生徒です。
be **at** a party [meeting]　パーティー［会議］に出席している
be **at** work　仕事をしている　　be **at** chess　チェスをしている
be **at** [《米》in] school　学校に行っている、在学中である

価格・速度・距離・温度・角度・割合など　「〜で」

at a depth of about 100 meters　約100メートルの深さの所で［に］
drive **at** (a speed of) 50 kilometers an hour　時速50キロで運転する
at high [full, top] speed　高速［全速力］で
sell [buy] **at** a 20% discount　2割引で売る［買う］
at a reasonable price　手頃な値段で
at a high [low] price　高値［安値］で
at a maximum [minimum]　最大［最小］限で

判断の対象　「〜の点で、〜に関して」

He is good [poor, bad] **at** (playing) tennis.
　彼はテニスがうまい［下手だ］。
He is slow [quick] **at** learning.　彼は覚えが遅い［速い］。
She is kind **at** heart.　彼女は根は親切だ。

213

4. by 〔基本義：…のそばに．beside よりも漠然としたそばを表す〕

位置・場所　「～の（すぐ）そばに［で，の］、～の近くに」

There's a tall tree **by** [beside] the house.　家のそばに高い木がある。
She sat **by** her husband.　彼女は夫のそばに座った。

時　「～までに（は）」　（限界）

He'll get home **by** six.　彼は6時までには帰るだろう。
I'll be back **by** tonight.　今日中に戻ります。　**(注)** by today ではない。
I'll be back **by** the time you leave.　あなたが出るまでに戻ります。
By this time next year we'll be in Paris.
　来年の今ごろには私たちはパリにいるだろう。
by the due date　締め切りまでに
She should have arrived **by** now.　彼女はもう着いているはずなのだが。

手段・方法　「～によって、～を使って、～で」

go **by** car [bus, ship, plane]　車［バス，船，飛行機］で行く
by post [letter, telephone, telegram]　郵便［手紙，電話，電報］で
by special delivery　速達で　　　**by** airmail　航空郵便で
by hand　手書きで
by check [credit card]　小切手［クレジットカード］で
by the [one's] eye　目分量で、目測で
by word of mouth　口頭で、口コミで
by intuition　勘で、直観的に　　**by** reputation　うわさによれば、評判で
Let's decide **by** vote.　投票［採決］で決めましょう。
He opened the door **by** force.　彼は力ずくでドアを開けた。
The girl lives **by** herself.　その少女はひとりで暮らしている。
She passed the examination **by** studying hard.
　彼女は一生懸命勉強して試験に合格した。

動作主　「～によって、～による」　＊主に受身の文に使われる。

She was bitten **by** a dog.　彼女は犬にかまれた。
The building was destroyed **by** (the) fire.　その建物は火事で焼け落ちた。
The flood was caused **by** the typhoon.
　その洪水は台風によって引き起こされた。
a novel (written) **by** Tolstoy　トルストイ作の小説

原因　「～のために、～で」

by good [bad] fortune　幸［不］運にも　　by luck　幸運にも
by accident [chance]　たまたま、偶然（に）⇔ on purpose　故意に、わざと
He dropped the vase **by** mistake.
　彼は誤って花びんを落としてしまった。

基準

準拠　「～に従って、～に基づいて、～によって」

You should work **by** the rules.　規則に従って働くべきだ。
Guns are banned **by** law in this country.
　この国では銃は法律で禁止されている。
Don't judge **by** appearance.　人を外見で判断してはいけない。
A man is known **by** the company he keeps.
　《ことわざ》付き合う仲間を見ればその人の人柄がわかる。
By my watch, it's 5 o'clock.　私の時計では5時です。

程度・相違・漸次
「～だけ、～の差で」

I missed the train **by** five minutes.　5分の差で列車に乗り遅れた。
The tax will be raised **by** 5%.　税金は5％上がるだろう。

「～ずつ、～ごとに」

little **by** little　少しずつ　　step **by** step　1歩ずつ
day **by** day　日ごとに、1日1日と　　case **by** case　その場その場で
The price varies **by** region.　その価格は地域ごとに違っている。

単位　「～単位で、～ぎめで」

They are paid **by** the day.　彼らは日給で支払われている。
rent a room **by** the week [month]　週［月］ぎめで部屋を借りる
sell [buy] pencils **by** the dozen　ダース単位で鉛筆を売る［買う］

関連　「～に関しては、～は」

I know her **by** sight, but not **by** name.
　私は彼女の顔には見覚えがあるが、名前は知らない。
She is shy **by** nature.　彼女は生まれつきはずかしがりやである。

5. to 〔基本義：…の方へ．方向を表し，到達点を含意する〕

方向・到達　「～の方へ[に]、～に向かって、～へ[に]、～まで」

I went to Okinawa last summer.　私は去年の夏、沖縄へ行った。
point to the emergency exit　非常口の方を指す
Move a little to your left.　（あなたの）左の方に少し動いて。
The town lies to the north of Paris.　その町はパリの北方に位置している。
　＊in the north of Paris は「パリの北部に」

限界、程度・範囲、時　「～まで、～に至るまで、～前（時）」

The store is open from 9 a.m. to 8 p.m.
　その店は午前9時から午後8時まで開いている。
work from Monday to Friday　月曜日から金曜日まで働く
　＊from ～ がないときは、通例 until [till]。work until [till] 5　5時まで働く
It's an hour to dinner.　夕食まで1時間ある。
It's five to six.　6時5分前です。　＊《米》before
Our budget is up to 100,000 yen.　私たちの予算は10万円までです。
　＊始まりの数を言わず「～まで」は up to を使うことが多い。特に文頭では
　　up to を使う。
to some extent [degree]　ある程度まで
to the best of my knowledge　私の知る限りでは

状態の変化、結果　「～に、～へ、～になるまで、その結果 ～」

The rain turned to snow.　雨は雪に変わった。
The glass smashed to [into] pieces.　そのグラスは粉々に砕けた。
I'm starving to death.　餓死しそうだ。
She was moved to tears.　彼女は感激して涙ぐんだ。

対象

「～に、～へ、～に対して」　＊to＋人（動作の対象）

I gave some money to him.　私は彼にお金をいくらかあげた。
Jim teaches English to us.　ジムは私たちに英語を教えています。
Please explain the rules to me.　私にルールを説明してください。
He showed his driver's license to the police officer.
　彼は警官に運転免許証を見せた。

get married **to** 〜　　〜と結婚する
her attitude **to** me　　私に対する彼女の態度
He is very kind **to** me.　彼は私にとても親切です。
　＊人に対する態度を示す rude, generous, good, nice, polite なども〈**to**＋人〉
Be dutiful [good] **to** your parents.　　親孝行しなさい。

「〜にとって」

This dictionary is very useful **to** me.　　この辞書は私にはとても役に立つ。
The interview is very important **to** me.
　　その面接は私にとってすごく大切です。

「〜に、〜に対して、〜に属する、〜に合わせて」

Add salt **to** the soup.　　スープに塩を加えなさい。
The typhoon did [caused] a lot of damage **to** the island.
　　台風はその島に大きな被害を与えた。
Food is directly [closely] related **to** our health.
　　食べ物は私たちの健康と直接［密接に］関係する。
two people **to** a room　　1室に2人
　＊a room for two people　　2人用の部屋
tickets **to** [for] the baseball game
　　野球の試合のチケット　＊of は使えない。
the key **to** [for] the door　　ドアのかぎ
an answer **to** the question　　その質問の返答
an exception **to** [×of] a rule　　規則の例外
a secretary **to** Mr. Smith　　スミス氏の秘書　　**(注)** of ではない
I'm allergic **to** eggs.　　私は卵アレルギーです。
Help yourself **to** the salad.　　サラダをご自由にお取りください。
He treated me **to** lunch.　　彼は私にランチをおごってくれた。
dance **to** the music　　音楽に合わせて踊る

目的　　「〜のために」

go **to** work　　仕事に行く　　　go **to** school　　学校へ行く
I invited her **to** [for] dinner.　　彼女を食事に招いた。
(Here's) **to** your health!　　ご健康を祝して乾杯！

6. for〔基本義：…に向かう〕

|方向|　「〜に向かって、〜方面行きの」　　　☺ toは到達点、forは方向

This is the Nozomi Super Express bound **for** Hakata.
　これは博多行き特急の「のぞみ」です。
Tom left (Japan) **for** London last week.
　トムは先週ロンドンに向けて（日本を）発った。

|追求・獲得|

「〜を求めて、〜を得ようとして」

She came to me **for** advice.
　彼女は助言を求めて私のところにやって来た。
call **for** help　助けを呼ぶ、助けてくれと叫ぶ
ask (him) **for** advice　（彼に）助言を求める
apply **for** a visa　ビザを申請する

|範囲（時間［期間］・距離）|　「〜の間、〜にわたって」

walk **for** five kilometers　5キロ歩く　＊walk five kilometers ともいう。
I have lived here (**for**) six years.　私は6年間ここに住んでいる。
　＊forは継続動詞の後ではしばしば省略
I haven't seen him **for** a long time.　私は彼と長い間会っていない。
We went camping **for** a week *during* (the) summer vacation.
　私たちは夏休みに1週間キャンプに行った。

> |during|　「〜の間中（ずっと）、〜の間のある時に、〜の間に」
> This street is very noisy **during** the day.　この通りは昼間はとても騒がしい。
> He left the room **during** the lecture.　彼は講義中に部屋を出て行った。

|観点・基準|　「〜にとって(は)、〜のわりには」

This problem is difficult **for** me.　この問題は私には難しい。
　＊easy, convenient, good（よい）なども〈**for**＋人〉
It's (very) hot **for** this time of year.　この時期としては（とても）暑い。
She plays the piano very well **for** a beginner.
　彼女は初心者のわりにとても上手にピアノをひく。
She looks young **for** her age.　彼女は年のわりには若く見える。

Step10 動詞・前置詞を使いこなそう

対象
「～に対して［対する］」

feel sorry **for** him　彼に悪いと思う
have a talent **for** music　音楽の才能がある
a Nobel Prize [prize] **for** [in] physics　ノーベル物理学賞
I got two tickets **for** [to] the concert.　コンサートのチケットを2枚買った。
I'm responsible **for** accounting.　私は経理に責任があります。

受取人・受益者　「～あての、～のために」

This letter is **for** Tom.　この手紙はトムあてです。
I have a present **for** you.　あなたにプレゼントがあります。
Do you have a table **for** three?　3人の席がありますか？
I bought some flowers **for** my mother.　母に花を買った。
I'll make a cake **for** you.　あなたにケーキを作ってあげます。

交換　「～と交換に、〈ある金額〉で」

What's the English word **for** "himawari"?　「ひまわり」の英語は何ですか？
I bought this book **for** 2,000 yen.　この本を2000円で買った。
I paid 2,000 yen **for** this book.　この本に2000円払った。

sell 〈物〉for〈お金〉　　buy〈物〉for〈お金〉　　pay〈お金〉for〈物〉

These apples are 300 yen **for** four.　このりんごは4個で300円です。
Would you exchange yen **for** dollars, please?
　円をドルに替えていただけませんか。
Can I change this **for** a larger size?
　これを大きいサイズのと交換してもらえますか。
for free　ただで　　a check **for** 100,000 yen　10万円の小切手
5 **for** $2　5個2ドル　＊スーパーなどの値段表示

所属　「～に雇われて、～に所属して」

He works **for** ABC Company.　彼はABC社に勤めている。
a pilot **for** Japan Airlines　日本航空のパイロット
a reporter **for** Japan Times　ジャパンタイムズのレポーター

Step10　動詞・前置詞を使いこなそう

目的、適合　「～のために[の]、～に適した」

It's time **for** breakfast.　朝食の時間です。
Where do I get off **for** the museum?
　博物館へはどこで降りたらいいですか？
medicine **for** cold　風邪薬　　an operation **for** cancer　がんの手術
for a change　気晴らしに、気分転換に　　**for** fun　楽しみで
Soy protein is good **for** health.　大豆のたんぱく質は健康によい。
A microwave (oven) is useful **for** cooking.
　電子レンジは料理をするのに便利だ。
Do you have books **for** children?　子供向きの本がありますか？

準備　「～に備えて、～のために」

prepare **for** an examination　試験の準備をする
make plans **for** summer vacation　夏休みの計画を立てる
I made some sandwiches **for** lunch.　昼食にサンドイッチを作った。
I'd like to make a reservation **for** Flight 50 on Saturday.
　土曜日の50便を予約したいのですが。

予定　「〈決まった日時〉に」

I'd like to make an appointment **for** 5:00.　5時に予約したいのですが。
I set the clock **for** six.　時計を6時にセットした。
Do you have plans **for** this Sunday?　この日曜日に予定がありますか？

機会　「〈行事〉の機会に、～の折りに」

We usually wear black **for** funerals.　葬式にはふつう喪服を着ます。
I'm going home **for** the New Year.　私は正月には故郷へ帰ります。

原因・理由　「～が原因[理由]で」

Himeji is famous **for** its beautiful castle.　姫路は美しい城で有名です。
He quit his job **for** personal reasons.　彼は個人的な理由で仕事をやめた。
for this reason　こういうわけで　　**for** some reason　ある理由で
for lack of sleep [water]　睡眠[水]不足のために
He blamed her **for** lying.　彼はうそをついたことに対して彼女を責めた。
He got a ticket **for** speeding.　彼はスピード違反で切符を切られた。

7. of 〔基本義：（分離を表し）…から；（所属を表し）…の〕

分離

分離・はく奪・隔たり

「～から、～を《成句・固定した連語関係でのみ》」

a town 10 kilometers south **of** Sapporo　＊距離のみの場合は from
　札幌から南10キロの所にある町

free **of** customs duty　免税の　　free **of** charge　無料
Snow plows **cleared** the roads **of** snow.　除雪車が道路の雪を片付けた。
He **robbed** me **of** my money.　彼は私の金を奪った。

材料・構成要素　「～で作った、～から成る、～の」

a ring **of** pure gold　純金の指輪　＝　a pure gold ring
This T-shirt is made **of** cotton.　このTシャツは綿でできている。
　＊of はもとの形状をとどめている場合と構成物の成分を表す場合

The drink is made **of** orange juice, sugar and water.
　その飲み物はオレンジジュースと砂糖と水からできている。

原因・理由　「～のため、～で」

He died **of** cancer.　彼はがんで死んだ。
　＊通例直接的・近因的であれば of、外部的・遠因的であれば from を
　　用いるとされるが、実際には区別されないことも多い。

I'm tired **of** his jokes.　彼の冗談にうんざりしている。
I'm afraid **of** ghosts [heights].　私は幽霊［高い所］がこわい。

所属、所有、部分　（A of B）

「BのA、Bに属するA、Bの所有しているA、B（の中）のA」

He is (the) president **of** this university.　彼はこの大学の学長だ。
　＊1人しかいない役職の場合、of が一般的

the literature **of** the Meiji era　明治時代の文学
I'm a member **of** the tennis club.
　私はテニスクラブのメンバーです。
She's a friend **of** mine.　彼女は私の友達です。
　＊複数いる友達の中の不特定の1人。my friend は特定の1人の友人を指す。

a picture **of** my mother's　母が所有する[母が描いた]絵
　＊B of A's「Aの所有するBの中の1つ[1人]」
　(注) a picture of my mother は「母を描いた絵」という意味
the name **of** the singer　その歌手の名前　＝　the singer's name
He put it in the corner **of** the room.　彼はそれを部屋の隅に置いた。
the top **of** the mountain　山の頂上
the legs **of** the table　そのテーブルの脚
on the second **of** May　5月2日に　＊on May second よりも堅い言い方
three **of** the boys　その少年たちのうちの3人
　＊the three of the boys　その少年たち3人（同格）
some [many] **of** the students　その学生たちの数人[多く]
Twenty percent **of** the students were absent.
　学生の2割が欠席した。
a third **of** the town　町の3分の1

「Aの量[容器]のB」　（分量）

two kilograms **of** meat　2キロの肉
hundreds **of** birds　何百もの鳥
a cup **of** tea　1杯のお茶　　a bottle **of** water　びん1本の水

「A(の種類)のB」　（種類）

a new [different] kind **of** strawberry　新種[違う種類]のいちご
this kind **of** wine　この種類のワイン　　this type **of** car　この型の車

関係・関連

BがAの意味上の主語・目的語 ／ BがAを限定・指定　（A of B）

the death **of** the president　大統領の死
I missed the start **of** the parade.　パレードの開始を見そこなった。
the discovery **of** America　アメリカの発見
a map **of** this town　この町の地図
a reporter **of** the game　試合のレポーター
a professor **of** English literature　英文学の教授
　＊a professor [student] of〈専門名〉
the price **of** vegetables　野菜の価格
a pack **of** five　5個入り1パック

| 同格 |　「BというA」　(A of B)

a man by the name of John　ジョンという名前の男
the town of Shibuya　渋谷という町
The three of us visited her grave.　私たち3人は彼女の墓参りに行った。

| 関連 |　「～について(の)、～に関して(の)」

I heard the stories of his adventure.　私は彼の冒険の話を聞いた。
I've never heard of such a custom.　そんな習慣聞いたことがない。
What has become of the homeless dog?　その野良犬はどうなったの？

| 熟語・用例 |

He's of medium height.　彼は中ぐらいの高さだ。
We are (of) the same age.　私たちは同じ年だ。　＊ofを省略する方が普通
Be careful of those steps.　階段に気をつけなさい。
She is proud of her daughter.　彼女は娘が自慢だ。

8. off 〔基本義：接触している状態からの分離を示す〕

「～から(離れて,はずれて)、～からはずれた所にある」

fall off one's horse　馬から落ちる　＊場所から離れて落ちることを表す。
　＊She fell down the stairs.　彼女は階段からころげ落ちた。
Keep off the grass.　芝生に入るべからず。
The stamp came off the envelope.　切手が封筒からはがれた。
A button has come off my shirt.　シャツからボタンがとれた。
The ship sank two kilometers off the coast.
　その船は海岸から2キロ(離れた所)の沖合で沈んだ。

「〈基準的なもの〉からそれて」

His car went off the course.　彼の車はコースをはずれた。
Your opinion is off the point.　あなたの意見は要点からずれている。
Her singing is off key.　彼女の歌は音程がはずれている。

「～から減って[割り引いて]」

take twenty percent off the usual price　平常価格から20％割り引く

9. from 〔基本義：…から. 移動の起点だけでなく，時の起点や出所も表す〕

位置の起点　「～から、～から（離れて）」

The train **from** Kyoto has just arrived.
　京都からの列車がちょうど今到着した。

She came **from** [out of] the room.
　彼女はその部屋からやって来た［出てきた］。
　　＊fromは「移動の起点」、out ofは「（部屋の）**中から外へ**」

A rat came out **from** under the bed.　ベッドの下からねずみが出てきた。
　　＊fromやtill [until] などはその後に副詞や他の前置詞がくることがある。

The town is two kilometers (away) **from** the coast.
　その町は海岸から2キロ離れた所にある。

You should keep away **from** the pond.　池に近づかないようにしなさい。

She's absent **from** school.　彼女は学校を休んでいる。

時の起点　「～から（ずっと）」

We stayed there **from** May to [till, until] July.
　私たちは5月から7月までそこに滞在した。

Our office is open **from** 8 a.m. to 7 p.m.
　私たちの事務所は午前8時から午後7時まで開いています。
　　＊from A to Bの文ではfromを省略することがある。

He loved her **from** the day he first met her.
　彼は初めて会った日から彼女を愛していた。

a month [week, year] **from** today　今日から1か月［1週間、1年］
from birth　生まれた時から、生まれつき　　**from** childhood　子供の時から
from now on　これからずっと、今後は　　**from** time to time　時々、時折

出所・出身、所属　「～から（の）、～出身（の）、～（から）の」

I received a letter [phone call] **from** a friend.
　友達からの手紙［電話］を受け取った。

I got [bought] coffee **from** a vending machine.
　自動販売機でコーヒーを買った。

I'm **from** Osaka.　大阪出身です。

I'd like to speak to someone **from** the sales department.　（所属）
　営業課の方と話したいのですが。

変化の起点、原料　「～から、～で」

He translated the poem **from** English into Spanish.
　彼はその詩を英語からスペイン語に翻訳した。
The traffic light turned [changed] **from** red to green.
　信号は赤から青に変わった。
The situation is going **from** bad to worse.　事態は悪化してきている。
Wine is made **from** grapes.　ワインはぶどうから作られる。

原因　「～から」

die **from** starvation　飢餓で死ぬ　＊die **of** cancer「がんで死ぬ」
I'm tired **from** the plane trip.　飛行機の旅で疲れている。　＊肉体的疲労で
She suffers **from** lung cancer.　彼女は肺がんをわずらっている。
Was there any damage **from** the typhoon?　台風の被害はありましたか？

観点・準拠・根拠　「～から、～に基づいて、～から判断して」

from the [a] political point of view　政治的見地からみると
From what I've heard, ...　聞くところによると…
He spoke **from** his experience.
　彼は経験から［経験を基にして］話をした。
Judging **from** the look of the sky, it will clear up in the afternoon.
　空模様からすると、午後には晴れるだろう。

分離・除去・防御
「～から」

Remove the dirt **from** your coat.　コートのほこりを取りなさい。
protect one's eyes **from** the sun　日差しから目を保護する

禁止・制止　「～しないように」

I prevented her **from** going out.　私は彼女を外出させないようにした。
　＊keep [prevent, stop] + 人 + **from** ～ ing　人を～させないようにする

相違・区別　「～から、～と（違って）」

My opinion is different **from** yours.　私の意見はあなたのと違う。
Can you distinguish [tell] sheep **from** goats?
　羊とやぎを見分けられますか？

10. with 〔基本義：随伴と方向〕

随伴・同伴 「～と共に、～と一緒に」

I went to Tokyo **with** my friends.　私は友達と東京へ行った。
I'll come along **with** you.　あなたと一緒に行きます。
fish **with** tomato sauce　魚のトマトソース添え

所有・所持、包含

「～を持っている、～がある、～の付いた、～を含めて」

a girl **with** blue eyes　青い目をした少女
I wish I had a house **with** a pool.　プール付きの家があればなあ。
It is 3,000 yen **with** tax.　税込みで3000円です。
He got a new car **with** 30% discount.　彼は新車を3割引で買った。

「～があれば、～を得たので」

With this map, it should be easy to find the hotel.
　この地図があれば、そのホテルを見つけるのは簡単なはずだ。
With his doctor's permission, he went home.
　医者の許しを得て、彼は家に帰った。

「〈人〉の身につけて」　（携帯）

Take an umbrella (**with** you).　傘を持って行きなさい。
She always carries a camera **with** her.
　彼女はいつもカメラを持ち歩いている。

様態・状況　「～をもって、～で」

I'll come **with** pleasure.　喜んでまいります。
with a smile　ほほえんで　　**with** care　慎重に　＝　carefully

付帯状況　「～した状態で、～して、～しながら」

(**with**＋名詞＋分詞・形容詞・副詞・前置詞句)

Don't speak **with** your mouth **full**.　口いっぱいにほおばってしゃべるな。
She slept **with** the window **open**.　彼女は窓を開けたまま眠った。
She was standing **with** a dog **in her arms**.
　彼女は犬を抱いて立っていた。
He stared at me **with** his arms **folded**.　彼は腕を組んで私をにらんだ。

原因・理由　「～が原因で、～のために、～のせいで」

Her voice was shaking **with** excitement.
　彼女の声は興奮して震えていた。

He turned pale **with** [from] fear.　彼は恐怖で青ざめた。
　＊from は起因、with は保持

My whole body is sticky **with** sweat.　私の全身は汗でべとべとだ。

She is in bed **with** a fever.　彼女は熱があって寝ています。

(What) **with** hunger and the cold, he couldn't walk.
　飢えと寒さで彼は歩くことができなかった。　＊通例よくない事態の原因を導く。

With this and that, I'm very busy.　あれやこれやで私はとても忙しい。

道具・手段、材料・成分　「～で、～を使って」

pay **with** a check [credit card]　小切手[クレジットカード]で支払う
write **with** a pencil　鉛筆で書く
cut the rope **with** a knife　ナイフでロープを切る
Could you take a picture of us **with** my camera?
　私のカメラで私たちの写真を撮ってもらえますか。
Correct mistakes **with** correction liquid.　修正液で間違いを直しなさい。
make a doll **with** clay　粘土で人形を作る（材料）
make a cake **with** eggs　卵を使ってケーキを作る
　＊料理などで何種類もある材料の一部は with で表す。

　by は手段・方法「～によって」、**with** は道具・手段「～を使って」

対象、対立、関連

対象　「～に対して、～に」

Be patient **with** your children.　子供たちに対して忍耐強くなりなさい。
Be strict **with** them.　彼らに厳しくしなさい。
　＊gentle, angry, impatient, severe なども対象を with で表す。

I'm good **with** my hands.　私は手先が器用です。
　＊be good with ～ は「～の扱いが上手」、be good at ～ は「～が得意」

Be careful **with** matches.　マッチの扱いに気をつけて。
work **with** computers [animals, numbers]
　コンピュータ[動物，数字]を扱う仕事をする

Step10 動詞・前置詞を使いこなそう

対立　「～と、～を相手に」

argue **with** them　彼らと議論［口論］する
She is always quarreling **with** her husband.
　彼女はいつも夫と口げんかしている。
fight **with** [against] the enemy　敵と戦う
have a fight [an argument, a quarrel] **with** ～
　～とけんかする［議論する , 口論する］
compete **with** [against] ～　～と競争する
　＊with より against の方が敵対、対立の観念がはっきりしている。

関連　「～に関して、～について、～にとっては」

Are you all right **with** your arm?　腕は大丈夫ですか？
What's wrong **with** your leg?　足、どうしたの？
Something is wrong **with** the computer.
　コンピュータがどこかおかしい。
　＝ There's something wrong **with** the computer.
I have a problem **with** my stomach.　私は胃に問題がある。
He helped me **with** my work.　彼は私の仕事を手伝ってくれた。
With him, it's no problem to live abroad.
　彼に関していえば、海外で住むことに何の問題もない。

熟語・用例

I **filled** a glass **with** water.　グラスに水をいっぱい入れた。
　＊a glass full **of** water　水いっぱいのグラス
I **stuffed** a box **with** junk.　箱にがらくたを詰め込んだ。
We cannot **mix** oil **with** water.　油と水を混ぜ合わせることはできない。
I **compared** his work **with** hers.　彼の作品を彼女の物と比べた。
We had more snow this winter **compared with** [《主に米》to] last winter.
　去年の冬と比べると、今年の冬は雪が多かった。
I **shared** a taxi **with** her.　私は彼女とタクシーに相乗りした。
　＊share〈物〉with〈人〉「〈物〉を〈人〉と分け合う、共有する」
I have to **deal with** a lot of work.
　私はたくさんの仕事を処理しなければならない。

11. without

「～を持たないで、～なしに」

Don't go out **without** a cap.　帽子をかぶらないで出かけてはいけない。
drink coffee **without** milk or [and] sugar
　　ミルクと砂糖を入れないでコーヒーを飲む
　　＊否定語の後では「A も B も」は A or B だが、without の場合は and も使える。
I crossed the suspension bridge **without** any fear.
　　私は少しも恐れずにつり橋を渡った。
He meets me at the station **without fail**.　彼は必ず私を駅へ迎えに来ます。

「～がなければ」

I don't know what to do **without** him.
　　私は彼がいなければどうしたらよいかわからない。
I can't finish my work **without** your help.
　　私はあなたの助けがなかったら仕事を終えることができない。

「[動名詞を伴って] ～しないで、～せずに」

He went out **without** saying goodbye to me.
　　彼は私にさよならも言わずに出て行った。

12. within　＊in に近い意味を持つが、明確に境界を限る感じが強い。

「～以内で [に]」　（場所・距離の範囲内）

within walking distance of the station　駅から歩ける距離の所に
within ten minutes' walk of the station　駅から歩いて 10 分以内の所に
within a kilometer of the station　駅から 1 キロ以内の所に

「～以内で [に]」　（時間・期間の範囲内）

She'll be back **within** an hour.　彼女は 1 時間以内に戻るでしょう。
The cherry blossoms will come out **within** this month.
　　桜の花は今月中に咲くだろう。

「～の範囲内で [に]、～を越えずに」　（程度の範囲内）

I agree as long as it's **within** the law.　法律の範囲内であるなら賛成です。
within one's income　自分の収入の範囲内で
within the budget　予算内で

13. over

「〜の上に、〜を覆って、〜じゅうを、〜を越えて」

There were rain clouds **over** our heads.　頭上に雨雲があった。
He traveled all **over** the world.　彼は世界中を旅行した。
jump **over** the fence　フェンスを跳び越える

「(数量・程度が)〜より多く、より上で」

My average weight is **over** 60 kilos.
　私の平均体重は60キロを超えている。
　＊「〜以上」という意味では more than の方が普通。over は「超えて」というニュアンス。
She must be **over** 80 now.　彼女はもう80歳を超えているにちがいない。

「〜の間 (ずっと)、〜にわたって、〜しながら」

I'm going to stay here **over** the weekend.
　私は週末の間、ここに滞在するつもりです。
We chatted **over** lunch.　私たちは昼食を食べながらおしゃべりをした。

「〜をめぐって」　＊about と比べて長時間の紛争・いさかいなどを暗示する。
quarrel **over** money　お金のことについて口論する

14. under

「〜の(真)下に[の, を, へ]、内側に」

Let's take a break **under** the tree.　木の下でひと休みしましょう。
wear a vest **under** a coat　上着の下にベストを着る[着ている]

「(数・量が)〜未満で[の]」

children **under** 20 (years of age)　20歳未満の子供　＊20歳を含まない。
The price is **under** [below] 10,000 yen.　価格は1万円未満です。

「〜中で[の]」（過程）

under discussion [consideration, investigation]　討論[考慮, 調査]中
under repair [construction]　修理中[建設中]

「〈支配・監督・保護・指導など〉のもとに」

Everything is **under** control.　すべて抑制されています。
I've been working **under** him.　私は彼のもとで働いている。

15. above

「～の上に［の］、～の上方に［の］」

The sun rose **above** the mountain.　太陽が山の上に昇った。
1,000 meters **above** sea level　海抜 1000 メートル
The plane is flying high **above** the clouds.
　飛行機が雲のはるか上を飛んでいる。

「(数・量・程度の点で)～より上で［の，に］、(地位などで)～より上で」

He lives **above** his income.　彼は収入以上の暮らしをしている。
The temperature was **above** [over] 40 degrees Celsius.
　気温は摂氏 40 度を超えていた。
　　＊温度をいう場合、垂直の温度計を意識するときは above の方が普通
(3.5 kg) **above** average in weight　(3.5 キロ) 平均より重い
The rank of Ozeki is **above** Sekiwake.　大関の位は関脇よりも上です。

16. below

「～より下に［の］、～の下方に」

These socks come to just **below** [×under] the knee(s).
　このソックスはちょうどひざの下までくる。
a mole just **below** [under] one's right eye　右目の真下にあるほくろ
The sun sank **below** the horizon.　太陽が地平線の下に沈んだ。

「(数・量・程度の点で)～より下で［の，に］、(地位などで)～より低く」

The temperature is 10 degrees **below** zero.　温度は氷点下 10 度です。
below average in height [math]　身長 [数学] が平均より下で
He is **below** me.　彼は私より地位が下だ。

17. up

「～の上へ［に］、〈道路など〉を通って、～に沿って」

She lives **up** the hill.　彼女は小高い丘に住んでいる。
climb **up** the tree　木に登る　　go **up** the stairs　階段を上がる
come **up** [down] the street　通りをやって来る
　　＊come の後では up の方が好まれる。(ウィズダム)

18. down

「〜の下（方）へ［に］、〈道路・廊下など〉を通って、〜に沿って」

I have a pain **down** my leg.　脚の下の方が痛む。
walk **down** the stairs　階段を歩いて降りる
The restaurant is 50 meters **down** this street.
　そのレストランはこの通りを 50 メートル行った所です。
go **down** [up] the street　通りをずっと行く
　＊go の後では down の方が好まれる。(ウィズダム)

19. into

「〜の中へ［に］、〜へ［に］、〜に熱中［没頭］して」

go **into** a room　部屋に入る
He's very much **into** video games.　彼はすっかりテレビゲームに夢中だ。

「〈ある状態〉の中へ、〜に（なって、変わって）」　（変化の結果）

The pumpkin was turned **into** a carriage.
　かぼちゃは馬車に変えられた。
translate English **into** Japanese　英語を日本語に訳す
divide the cake **into** three pieces　ケーキを3つに分ける
burst **into** laughter [tears]　どっと笑う［わっと泣き出す］

「〜にぶつかって」　（衝突）

The car ran [crashed] **into** the fence.　車はへいに衝突した。
I bumped **into** her.　私は彼女にドスンとぶつかった。

20. toward

「〜の方へ、〜に向かって、〜に向いて」

She was walking **toward** the station.　彼女は駅の方へ歩いていた。
I turned my chair **toward** the window.　私はいすを窓の方に向けた。

「〜近く（に）」　（時間、場所）

Toward the top of the mountain there's some snow.
　山の頂上あたりにいくらか雪がある。
toward noon　昼少し前に　＊around noon　正午の前後、昼ごろに

21. beside

「～のそばに［の］、～の近くに、～の隣りに」

a town (right) **beside** the sea　海の（すぐ）そばにある町
stand [sit] right **beside** me　私のすぐそばに立つ［座る］
　＊主に beside は左右の、by は前後・左右の位置を表す。

「〈的・本題など〉をはずれて」

Your question is **beside** the point [mark].　あなたの質問は的はずれだ。

22. against　＊against は逆らうイメージ

「～に反対して、～に反して、～を相手に、〈流れなど〉に逆らって」

against one's will　意志に反して
That's **against** the rules [law].　それは規則［法律］違反だ。
They had to fight **against** [with] the enemy.
　彼らは敵と戦わねばならなかった。
　＊against の方が「対抗して戦う」の意味が強い。
She tried to swim **against** the current.
　彼女は流れに逆らって泳ごうとした。

「よりかかって、ぶつかって」

lean **against** [on] the door　ドアにもたれる
The rain was beating **against** the windows.　雨が窓に打ちつけていた。

「～に備えて、～を防いで」

There is no insurance **against** disasters.　天災のための保険はない。
insurance **against** cancer　がん保険
a spray **against** insects　防虫スプレー

23. along

「～に沿って、～の途中に［で］、～沿いに行った所に」

walk **along** the street　通りに沿って歩く　→　通りを歩く
walk **along** (the bank of) the river　川に沿って（土手を）歩く
There is a convenience store somewhere **along** this street.
　この通りのどこかにコンビニがある。

24. across

「〈平面的なもの〉を横切って、〜を越えて」　＊方向・運動を表す。
There is a bridge **across** the river.　川に橋がかかっている。
jump **across** [over] a puddle　水たまりを跳び越える
　＊across は「(表面を)横切って」、over は「上を越えて」という意味
walk **across** the bridge　橋を歩いて渡る
swim **across** the river　川を泳いで渡る

「〈平面的なもの〉の向こう側に、〜を越えた所に」　＊位置を表す。
a house **across** the street　通りの向こう側にある家
He lives **across** the river.　彼は川を越えた所に住んでいる。
The park is **across** the street from the post office.
　公園は郵便局の[郵便局から道を渡った]向こう側にあります。

25. through

「〜を通り抜けて、〜を貫いて、〜の至る所を、〜じゅうを[に]」
go **through** the tunnel　トンネルを通り抜ける
drive **through** a red light　赤信号を無視して車を走らせる
The thief got into the house **through** a window.
　その泥棒は窓から家の中に入った。
The scandal spread **through** the country.
　そのスキャンダルは国中に広がった。

「〜の間じゅう、[(from) A through B] A から B の終わりまで」
dance **all through** the night　一晩中踊り続ける
He slept **through** the film.　彼はその映画の間ずっと寝ていた。
We are open (from) Monday **through** Friday.
　月曜から金曜までずっと開いています。
　＊金曜日を含むことがはっきりする。

「〜を通じて、〜によって」　(媒介・手段)
look at stars **through** a telescope　望遠鏡で星を見る
He spoke **through** an interpreter.　彼は通訳を通じて話した。
I met my wife **through** a go-between [a friend].
　私は仲人[友人]を通じて妻に出会った。

26. about
「～について、～に関して［関する］」

We talked **about** our wedding.　私たちは結婚式について話し合った。
I know **about** him.　私は彼を（間接的に）知っている。
I felt bad **about** telling her a lie.　彼女にうそをついてすまないと思った。
She is particular [fussy] **about** her clothes.
　彼女は自分の服に関してうるさい。

「およそ、約、～ぐらい、～ごろ」

He left Japan **about** the end of March.
　彼は３月の終わりごろに日本を去った。
I'll come back **about** this time next year.　来年の今ごろ帰ってきます。

27. around
「～の周りに［を］、～のあちこちを、～の近くで［の］、～のあたりで」

They are sitting **around** the table.　彼らはテーブルを囲んで座っている。
He traveled **around** the world.　彼は世界をあちこち旅行して回った。
Is there a bank **around** here?　このあたりに銀行はありますか？

「〈角など〉を曲がって、〈角など〉を曲がった所に」

go **around** the corner　角を曲がって行く
The bus stop is just **around** the corner.
　バス停はちょうど角を曲がった所です。

「約、およそ、～ぐらい、～ごろ」

around [about] midnight　真夜中ごろ

28. between
「～の間に［で, を, の］」

The train runs **between** Tokyo and Osaka.
　その電車は東京と大阪の間を走っている。
Don't eat [snacks] **between** meals.　間食をしないで。
Let's divide this money **between** you and me.
　あなたと私でこのお金を分けましょう。
What's the difference **between** A and B?　ＡとＢの違いは何ですか？

29. among

「〜の間に [を, で]、〜の中に [を]」　＊通例3つ [3人] 以上の個体

This song is popular **among** young people.
　この歌は若者の間で人気がある。

He disappeared **among** the crowd.　彼は群衆の中に消えた。

We shared the cake **among** [between] the four of us.
　私たちは4人でそのケーキを分けた。

　＊3つ [3人] 以上でも、それぞれを個別にとらえていれば between が使える。

30. behind

「〜のうしろに、〜の裏側に、〜の向こう側に」

behind the car　車の後ろに　＊「車の後部座席に」は in the back of the car
a garden **behind** the house　家の裏にある庭
The cat came out from **behind** the curtain.
　猫がカーテンのかげから出てきた。
a small village **behind** the hill　山の向こう側にある小さな村
You have to stand **behind** [×after] me in the line.
　あなたは私の後ろに並ばなければいけません。

「〈定刻・予定など〉に遅れて、〜に負けて」

The train arrived five minutes **behind** time [schedule].　⇔　ahead of 〜
　列車は定刻 [予定] より5分遅れて到着した。

We are two goals **behind** the other team.
　相手チームに2ゴール負けている。

31. beyond

「〜の向こうに [へ, で, の]」

He lives **beyond** that mountain.　彼はあの山の向こうに住んでいる。
The ship disappeared **beyond** the horizon.
　船は水平線のかなたに消えていった。

「〈〜の範囲・限界〉を越えて、〜より以上に」

The beauty of Mt. Fuji is **beyond** description.
　富士山の美しさは言葉にできないほどだ。

32. before

「〜よりも前に［先に，早く］，〜前に」

before dark　暗くなる前に、日が暮れないうちに
He got home **before** 5 o'clock.　彼は5時前に家に帰った。
It's five **before** [to] ten.　10時5分前です。
What did you do **before** that?　その前にどうしたの？
I was **before** you in the line.　私の方が先に列に並んでいましたよ。
She had got [gotten] there **before** me.　彼女は私より先に到着していた。

「〜の手前で、〜の面前に［で］」

Turn right just **before** the post office.
　郵便局のすぐ手前で右に曲がりなさい。
perform **before** a large audience　大勢の聴衆の前で演奏する

33. after

「〜のあとに［で］、〜の次に、〜過ぎに、〈人・犯人など〉を追って」

We had dinner **after** the movie.　私たちは映画のあとで夕食を食べた。
Coffee **after** the meal is free of charge.　食後のコーヒーは無料です。
What should I do **after** that?　その後、どうすればいいの？
After reading the newspaper, he went out for a walk.
　新聞を読んでから、彼は散歩に出かけた。
Repeat **after** me.　私のあとについて繰り返し言ってください。
after July fifth　7月5日以降
　＊当日を含めるときは **on and after** July fifth
from **after** the war till today　戦争後から今日まで
It's ten **after** [《英》past] eight now.　今8時10分です。
I met her **after** a week.　私は1週間後に彼女に会った。
　＊a week later も同様の意味
He ran **after** the pickpocket.　彼はすりを追いかけた。

「〜にならって、〜をまねて、〜にちなんで」

a picture **after** Picasso　ピカソ風の絵画
We named our son **after** my grandfather.
　私の祖父の名前にちなんで息子の名前をつけた。

34. その他

| until | 「〜まで（ずっと）、〜まで（…しない）」

＊ある動作・状態が継続することを表す。

The store stays open **until** 9 p.m.　その店は午後9時まで開いている。
He won't come **until** [before] five.　彼は5時まで来ないだろう。
It's two weeks **until** my birthday.　私の誕生日まで2週間です。

| since | 「〜以来、〜から（今［その時］まで）」

＊原則として完了時制で用いられる。

I've been here **since** [×from] three o'clock.
　私は3時からずっとここにいました。

I haven't seen her **since** then.　私はそれ以来、彼女に会っていない。

| past | 「〜を過ぎて」　（時）

It's half **past** ten.　10時半です。
This milk is **past** its sell-by date.
　この牛乳は賞味期限を過ぎている。
He is **past** retirement age.　彼は定年を過ぎている。

「〜のそばを通り過ぎて、〜を通り過ぎた先に」　（場所）

It's about 50 meters **past** the hotel.
　それはホテルを通り過ぎて約50メートルの所です。
My house is a little **past** the post office.　私の家は郵便局の少し先です。
We went **past** the post office.　私たちは郵便局を通り過ぎた。

| except | 「〜を除いて、〜以外は、〜のほかは」

＊目的語は、名詞(句)、代名詞、wh 節、前置詞句、to 不定詞など

Everyone **except** me knew it.　私以外のみんながそれを知っていた。
The store is open every day **except** Sunday.
　その店は日曜日以外は毎日開いています。
Hanako is always cheerful **except** when she is tired .
　花子は 疲れている時 以外はいつも陽気だ。

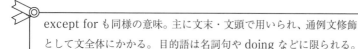

except for も同様の意味。主に文末・文頭で用いられ、通例文修飾として文全体にかかる。目的語は名詞句や doing などに限られる。

besides

[肯定文で]　「～のほかに、～に加えて」

Besides listening to music, I like reading.
　私は音楽を聴くことの他に読書も好きです。

[主に否定・疑問文で]　「～を除いて、～以外に (except)」

Besides English, what language do you speak?
　あなたは英語以外にどんな言語を話しますか？

inside　「～の中に [へ, で]、～の内部 [内側] に [へ, で]」

＊囲まれたものの内部

What's **inside** the locker?　ロッカーの中に何が入っていますか？
They were standing **inside** the gate [door].
　彼らは門 [ドア] の内側に立っていた。

opposite　「～の向かいに、～に向かいあって」

Hanako sat down **opposite** her mother.　花子は母親の向かいに座った。
The restaurant is **opposite** the station.　レストランは駅の向かいにある。

like　「～に似た、～のような、～と同じように、～らしく」

I have a ring just **like** yours.
　私はあなたの指輪にそっくりなものを持っている。
He cried just **like** a little child.　彼はまるで小さい子供のように泣いた。
It's not **like** you to be late.　遅れてくるなんてあなたらしくない。
Fold the origami-paper **like** this.　折り紙をこのように折りなさい。
She looks just **like** her aunt.　彼女は叔母さんにうり二つだ。
The cocktail tasted **like** beer.　そのカクテルはビールの味がした。

Unlike his father, he enjoys singing.　父親と違って彼は歌うのが好きだ。

as　「～として (の)、～の時に、～の頃 (の)」

She worked **as** an assistant to him.　彼女は彼の助手として働いた。
As a child(,) I was interested in insects.
　子供の時、私は昆虫に興味があった。

　＊When I was a child, ... の方がくだけた言い方　（ウィズダム）

群前置詞の out of

「〜の中から外へ、〜から、〈ある状態〉を離れて、〜がなくなって」

He came **out of** the room.　彼は部屋から出てきた。

He took a key **out of** his pocket.　彼はポケットからかぎを取り出した。

I went into the cave **out of** curiosity.
　私は好奇心からほら穴へ入って行った。

out of pity [kindness, interest, fear, a sense of duty]
　哀れみ［親切心，興味，恐怖心，義務感］から

The horse got [went] **out of** control [hand].
　その馬は手がつけられなくなった。

The plain went **out of** sight.　飛行機は見えなくなった。

The vending machine is **out of** order.　その自動販売機は故障している。

out of reach　手の届かないところに

He is **out of** (《米》the) hospital.　彼は（すでに）退院している。

My son is **out of** work [a job].　私の息子は失業中です。

We are **out of** stock on this item now.　ただいまこの商品は在庫切れです。

いろいろな群前置詞

I met him **in front of** the station.　駅の前で彼と会った。

Your report is good, **apart from** a few spelling mistakes.
　いくつかのつづりの間違いを別にすれば、あなたの報告書はよろしい。

We went to Tokyo by car **instead of** by train.
　私たちは電車ではなく車で東京へ行った。

Up to four people can stay in this room.
　この部屋には４人まで泊まることができます。

Go along this road **as far as** the post office, and then turn left.
　この道路を郵便局の所まで行って、それから左へ曲がりなさい。

She went to school **in spite of** a fever.　＊「〜にもかかわらず」
　彼女は熱があったのに学校へ行った。

According to the weather forecast, it will rain tomorrow.
　天気予報によれば明日は雨だ。

> 群前置詞は２語以上で１つの前置詞のような働きをする。

　私が英語に関して学んだ事を、何らかの形にまとめたいと思って取り組み始めてから10年以上が経過しました。途中、何度くじけそうになったか分かりません。知識をまとめるよりもっと実践の場を多く持った方が実際に話す力がつくのではないかと思い悩みました。

　素人の私がまとめるのですから、基礎が乏しい分余計な労力を必要とします。間違った解釈をしてしまったり、不自然な例文を作ってしまったり…。何度も参考書や辞書を読み返し、試行錯誤の毎日でした。解決できない問題点にもぶつかりました。ひとくちに英語といっても、年代や国・地域により少しずつ変化しています。もちろん個人においても言語感覚はさまざまです。深く知れば知るほど、本にすることの大変さを思い知らされました。

　しかし、まとめたり見直したりする間には、新たにいろいろ調べることもあり、さらにたくさん学ぶことができました。「へえー、そうだったのか」「なるほど、それでこうなるのか」と、新しい知識を得る喜びは苦しい作業を乗り越える力となりました。

　また、本を作り上げていく過程では、森川慎也先生やリチャード先生、裕子先生、疊屋陽子先生、イラストの池田佳代さん、出版社の方々にたいへんお世話になりました。多くの人に支えられて、なんとか完成の日をむかえることができました。

　先の見えない長く厳しい道のりでしたが、決して本の完成が到達点ではありません。実際、私自身まだまだ英語がすらすら口に出てくる状態ではないのです。いよいよこれから実践が始まります。

　「再挑戦の英会話」に興味を持ち、読んで下さった皆さん、勇気をもって実践の場に飛び出していきましょう！　会話は瞬発力が大切です。難しい文を頭の中で考えて黙ってしまうより、まず簡単な英語で要点を言うことです。後から詳しい情報を付け加えていけばいいのですから。焦らず、笑顔で、はっきりと…。
　そして1日も早く今までの苦手意識を克服し、積極的に海外の人との交流を楽しみましょう。間違いを笑い飛ばしながら…。

参考文献

「ジーニアス英和辞典」「ジーニアス和英辞典」　大修館書店
「ウィズダム英和辞典」　三省堂
「英会話の定番表現 505」　阿部一　研究社
「9 割の日本人が使い方を間違える英単語 101」　阿部一　ジャパンタイムズ
「イディオムのからくり大図解　言い回し応用自在 556」　編集　荒川泰司　学習研究社
「誰でも知っている単語でネイティブ会話！」　編集　荒川泰司　学習研究社
「英語アタマになれる本！」　編集　荒川泰司　学習研究社
「英語アタマになれる本！②」　編集　荒川泰司　学習研究社
「英語アタマになれる本！⑥」　編集　荒川泰司　学習研究社
「耳からマスターワンランクアップの英語レッスン 378」　編集　荒川泰司　学習研究社
「英語で思い通りに伝える本！」　編集　荒川泰司　学習研究社
「日本人が必ず迷う・間違う英語の「壁」突破法」　飯室真紀子　講談社
「英会話気持ちを伝える表現辞典」　井口紀子　永岡書店
「とっさの言いまわし　英会話　気持ちを伝える表現辞典」　井口紀子　永岡書店
「総合英語　Forest（フォレスト）」　監修　石黒昭博　桐原書店
「日常会話パーフェクトブック」　石津奈々　ベレ出版
「えいごアタマをつくる英会話ドリル」　石原真弓　アルク
「必ずものになる話すための英文法」　市橋敬三　研究者
「辞書ではわからない英語の使い方」　岩垣守彦　ジャパンタイムズ
「論理的に話すための基本英語表現」　石井隆之・村田和代　ベレ出版
「ネイティヴの感覚がわかる英文法」　大西泰斗、ポール・マクベイ　ノバ
「ハートで感じる英文法　会話編」　大西泰斗、ポール・マクベイ　NHK 出版
「ネイティヴスピーカーの英文法」　大西泰斗　研究社
「ネイティブスピーカーの前置詞」　大西泰斗、ポール・マクベイ　研究社
「前置詞をマスターして英会話をモノにする本」　大埜佑子　ナツメ社
「ネイティブはこう言います！　日本人の惜しい英語」　尾代ゆうこ　主婦の友社
「英語語法 Make it!」　大矢復、半澤隆禎　語学春秋社
「英語の健康診断 310 問」　岡悦子　ベンジャミン・トンプキンズ　講談社インターナショナル
「中学英語でココまで話せる」　鬼塚幹彦　ミゲール・リーヴァスミクー　ジャパンタイムズ
「総合英語　One」　総合監修　金谷憲　アルク　DTP　秀文社
「誰もが知っている単語で話せる日常英会話」　小池直己　講談社
「デュアルスコープ　総合英語」　監修　小寺茂明　数研出版
「こんな英語習わなかった」　小手鞠るい　ジャパンタイムズ
「3 文型で応用自在 ネイティブ英語の公式表現」　小林敏彦　語研
「3 文型で広がる日常会話ネイティブの公式」　小林敏彦　語研
「話がはずむ英会話ひとことフレーズ」　小林則子　ノヴァ

参考文献

「似ている英語表現　使い分け Book」　　清水建二　　　ベレ出版
「英語の類義語使い分け Book［動詞］」　　清水建二　　　ベレ出版
「That's it!〜それを英語で言いたかった！」　　下斗米桂一　　　明日香出版社
「高校総合英語 Harvest」　鈴木希明　　桐原書店
「とにかく通じるべんり英会話」　　鈴木俊夫　　　日本実業出版社
「英会話なるほどフレーズ 100」
　　　　　スティーブ・ソレイシィ、ロビン・ソレイシィ　　アルク
「英語をタテ読みそのまま即解・速読術」　　瀬谷廣一　　講談社
「進行形・完了形、つい時制の使い方に迷ってしまうあなたに」
　　　　　多岐川恵理　　明日香出版
「関係代名詞を使った英会話」　　多岐川恵理　　明日香出版
「英語でガンガン質問できる最強フレーズ 1000」　　竹谷啓造　　アルク
「基本動詞 5 つでガンガン話せる！　最強フレーズ 1000」　　竹谷敬造　　アルク
「動詞がわかれば英語がわかる―基本動詞の意味の世界」
　　　　　田中茂範・川出才紀　　ジャパンタイムズ
「文法がわかれば英語はわかる！」　　田中茂範　　日本放送出版協会
「表現英文法」　　田中茂範　　コスモピア
「ゼッタイ話せる英文法」　　田辺正美　　アルク
「あいづち英会話」　　ディビット・セイン、小池信孝　　ジャパンブック
「英語コモンミスティクス 500 例」　T.J. フィチキデス　　朝日イブニングニュース社
「ゼロからスタート英会話」　　妻鳥千鶴子　　J リサーチ出版
「100 語でスタート英会話」　　講師　投野由紀夫　　NHK 出版
「なるほど納得英語の常識 200」　　中村徳次　　朝日新聞社
「やさしい英語　通じる英語」　　中村良村　　松柏社
「英語はほんとに単純だ」　　西巻尚樹　　あさ出版
「英語なるほど Q & A」　　根岸雅史　　NHK 出版
「英語⇔日本語で耳から覚える最強英会話」　　福本高宏　　学習研究社
「冠詞まるわかりブック」　　藤田英時　　ノヴァ
「中学英語でラクラク話せる英会話」　　堀田克巳　　日東書院
「友だちになるきっかけ英会話」　　ノバ
「言えたら便利な英単語」　　NOVA
「英語ってそういうことだったのか」　　まついなつき　　山西治男　　アスコム
「日常会話なのに辞書にのっていない英語の本」　　松本薫　　J. ユンカーマン　　講談社
「Get と Give だけで英語は通じる」　　松本道弘　　講談社
「学校で教えてくれない英文法」―英語を正しく理解するための 55 のヒント―
　　　　　　　　薬袋善郎（みないよしろう）　　研究社
「条件反射の英会話」　　宮川幸久、ダイアン・ナガトモ　　研究社出版
「アルファ英文法」　　宮川幸久、林龍次郎 編　　向後朋美、小松千明、林弘美 著
「英会話の時制がすっきりわかる 12 の法則」　　向井京子　　ノヴァ・エンタープライズ

参考文献

「8つの助動詞で気持ちが伝わる英会話」　向井京子　　ノバ
「忘れかけている英語の基本・総復習」　MEMOランダム編　　三修社
「考え・気持ちを自由に伝える英会話50の公式」　矢野宏　　語研
「これなら通じる　日本人のための英単語200」　レッドベター・マーク　　講談社
「困った時の切り抜け英会話」　ノヴァ
「なるほどガッテン！英文法」　三修社

再挑戦の英会話　STEP BY STEP

2018 年 9 月 15 日　　初版第一刷発行

著　者　　　福水 恵子
イラスト　　池田 佳代
発行人　　　佐藤 裕介
編集人　　　遠藤 由子
制　作　　　原田 昇二
発行所　　　株式会社 悠光堂
　　　　　　〒 104-0045 東京都中央区築地 6-4-5
　　　　　　シティスクエア築地 1103
　　　　　　電話：03-6264-0523　FAX：03-6264-0524
　　　　　　http://youkoodoo.co.jp/
デザイン　　株式会社 シーフォース
印刷・製本　株式会社 シナノパブリッシングプレス

無断複製複写を禁じます。定価はカバーに表示してあります。
乱丁本・落丁本は発売元にてお取替えいたします。

ISBN978-4-909348-04-3　C2082
Ⓒ 2018 Keiko Fukumizu, Printed in Japan